ANTONIA BAUM

EMINEM

Antonia Baum

EMINEM

Antonia Baum über EMINEM

KiWi MUSIKBIBLIOTHEK

Noch mehr Lesespaß mit der Playlist zum Buch:
www.kiwi-verlag.de/playlists

1.

Will man ein Buch über Eminem schreiben, hat man im Grunde fast alle Probleme, die man sich wünschen kann: Denn er ist nicht nur der Verfasser extrem misogyner, homofeindlicher Texte, er ist auch der in Verkaufszahlen erfolgreichste Rapper eines Genres, das von Schwarzen erfunden wurde. Am unkompliziertesten für alle Beteiligten wäre es deswegen, Eminem ganz schnell verschwinden zu lassen, runter zu den anderen Leichen, die man im Keller rumliegen hat (und dieser Keller ist naturgemäß bis oben hin voll mit Leichen, welche sich aus weiten Teilen der Literatur-, Kunst-, Musik-, Filmgeschichte zusammensetzen, und wahrscheinlich müsste man ihn, den Keller, tatsächlich mit Beton ausgießen, um behaupten zu können, dass hier oben alles okay ist, ja, wahrscheinlich müsste man sich sogar dazulegen).

Besser, schonender und angenehmer also, man – das heißt konkret ich – lege Eminem runter in den Keller, mit durchgeschnittener Kehle (seine Lieblingsart, Frauen in Texten umzubringen), und befasse mich nicht weiter damit, dass er für mich ein absolut großartiger Autor und so etwas wie mein Schriftstellerinnen-Vorbild war – oder ist, wir werden sehen.

Das Wort *Vorbild* passt eigentlich nicht, ich glaube, ich habe das eine Zeit lang nur gesagt, weil es sich verwegen anhörte, tatsächlich ist die Formulierung »er hat mich geprägt« oder »er war wichtig für mich« treffender. So oder so: Irgendetwas stimmte natürlich nicht an unserer Verbindung, und zwar in mehrfacher Hinsicht, aber egal, *success is my only motherfucking option, failure is not**, war der Sound, zu dem ich mein Abitur machte (von dem ich dachte, dass ich es nie schaffen würde, weil mir immer wieder gesagt wurde, dass ich dafür nicht geeignet sei), zu dem ich mei-

* Zitat aus: Eminem, »Lose Yourself«, 2001.

nen Körper, diese Nervensäge, joggend reduzierte und zu dem ich mir etwas später, oft ebenfalls joggend, überlegte, wie ich mir eigentlich anmaßen konnte, zu glauben, ich könne jenen Roman schreiben, den ich gerade zu schreiben versuchte. Eminem aus Detroit, dieser kleine blondierte Typ mit dem schlechten Geschmack und dem katastrophal zerbrochenen Elternhaus, der in der Öffentlichkeit als die Verkörperung der weißen amerikanischen Unterschicht gedacht wurde, dieser Eminem sagte: Klar kannst du. Und ich (weiß, weiblich, Mittelschicht, katastrophal zerbrochenes, aber akademisches Elternhaus) dachte, wenn dieser Eminem, der aussieht wie ein Loser, und genau das, zumindest zeitweise, auf glänzende Weise mit Worten zu seinem USP machte, konnte ich das auch. Ich las nicht Thomas Bernhard und dachte, kann ich auch, natürlich nicht. Oder – um Gottes willen – Kafka. Oder Maxim Biller, Rainald Goetz (alles Männer, ich weiß, und dazu später). Ich hörte Eminem und dachte, okay, es könnte gehen.

Ich hörte, ich versuchte zu verstehen und hörte immer wieder. Auf dem Schulweg, beim Joggen, später auf dem Weg zur Uni, durch die Stadt.

Immer alleine, denn Eminem machte keine Musik zum Tanzen oder Nebenher-laufen-Lassen, mit Eminem musste man alleine sein, und das war ich die meiste Zeit, insbesondere als ich anfing zu schreiben (Schule fertig, weg von zu Hause, neue Stadt). Wenn man schreibt, braucht man einen Ton, den eigenen, man braucht Haltung und Perspektive, und wenn ich an Eminem dachte, wusste ich, was das anging, zumindest besser Bescheid. Ich war beeindruckt von der Unverschämtheit, mit der er seine Biografie zu Kunst, zu einer fortlaufenden Erzählung machte; von seiner Bereitschaft zur Verletzbarkeit, der Unverfrorenheit, mit der er sich über die amerikanische Öffentlichkeit und sich selbst lustig machte. Ich liebte seine Wut und wie er mit Sprache umging, dass ich bei ihm immer den Eindruck hatte, er müsse tun, was er tut, er habe keine andere Möglichkeit, es gehe um alles, also um Leben und Tod. Und am meisten liebte ich, dass ich Mitglied einer Gang war (bestehend aus ihm und mir), die diese Sprache verstand und die krasser war als alle Gangs um uns herum, von denen ich glaubte, dass sie mich nicht würden aufnehmen wollen.

Wenn ich von dem Eminem spreche, der für mich wichtig war, dann meine ich den frühen Eminem, ich meine den Rapper, der »The Slim Shady LP« (1999) und »The Marshall Mathers LP« (2000) geschrieben hat. Denn das, was danach kam, deutete früh eine Katastrophe an, wurde mit einigen Ausnahmen*, aber doch sehr konsequent immer katastrophaler und entwickelte sich schließlich zu einem totalen Fiasko. Zu einem wildsauhaften Pop-Rock-Sound-Fiasko mit dramatischen Rummel-Hooks, vorgetragen in großem, irgendwie sakral wirkendem Ernst, also bei völliger Abwesenheit der Bereitschaft, sich selbst nicht ernst zu nehmen – und das war früher seine Kernkompetenz gewesen. Stattdessen patriotisch-moralische Appelle und ein schunkelnd-speckiges Temperament, das an Bierdosen, Trucks und Cowboyhüte erinnerte und weiterhin erinnert, denn Eminem rappt jetzt eigentlich nur noch so. Das Geschunkel betrifft nicht bloß Inhaltliches, also etwa Eminems Art, über Frauen zu rappen (in seinem Spätwerk

* Eine Ausnahme ist etwa die »Marshall Mathers LP II« (2013), auf der gute und fürchterliche Tracks sind. Aber eben auch gute. »Bad Guy« oder »Rhyme or Reason« zum Beispiel.

sind sie auf ganz normal gesellschaftlich weit verbreitetem Niveau einfach nur noch geil oder unerträglich, also Material zum Ficken, das sich für Beziehungen nicht eignet, während er früher wenigstens so offen und ehrlich war, sie umzubringen), dieses Geschunkel betrifft auch seinen Flow.

Ufftata-Ufftata-Ufftata.

Eminem rappt schunkelnd, und wenn er nicht schunkelt, dann schreit er, sehr laut, so als wollte er seine Angst davor vertreiben, dass er nicht mehr relevant sein könnte. Wenn er nicht schreit, dann geht es um panisches Sportrappen, also die ziemlich demonstrative Demonstration seiner zweifelsfrei brillanten technischen Fähigkeiten als Rapper (er hat tatsächlich mehrere Einträge im Guinness-Buch der Rekorde wegen seiner hohen Rap-Geschwindigkeit, auf die er wahrscheinlich sogar noch stolz ist). Enorme technische Fähigkeiten hatte er auch früher, aber früher (grauenhaft, dauernd von »früher« zu schreiben, wann ist das nur passiert?) trug und perfektionierte die Technik den Inhalt und war nicht nur Selbstzweck. Früher klang nicht alles nach Angst. Oder doch, Angst war immer da in Eminems Texten, aber es gelang ihm mitunter, sie zu etwas Großartigem zu machen. Was früher auch noch anders war: Ich hatte keine Angst vorm Schreiben, was sollte sein, ich schrieb, was ich wollte, im Schreiben war ich frei.

Als Eminem im Winter 2020 sein elftes Album »Music to Be Murdered By« veröffentlichte und ich wusste, dass ich dieses Buch schreiben würde, vereinten wir uns nach langer Trennung zu einer Art Angst-Katastrophe, nämlich zu einem Zusammenstoß seines Albums mit meiner Verfassung. Es war kalt und dunkel, ich hatte am Fuß eine kleine Fraktur, aber ich ging trotzdem raus, um zu laufen und das neue Eminem-Album anzuhören, so wie ich das früher immer gemacht hatte, joggen und Eminem hören, stark werden. Der Fuß tat noch weh, ich versuchte zu joggen, es ging nicht, das neue Eminem-Album produzierte mir durch die Kopfhörer einen grauenhaften Sound in den Kopf. Ich versuchte weiterzujoggen, ich humpelte, ich dachte an das Eminem-Buch und dass ich eigentlich ein ganz anderes Buch schreiben wollte, nämlich einen Roman. Ich wollte, ich wusste auch, was ich schreiben wollte, aber ich tat es nicht. Die

Tage waren immer voll mit anderen Sachen (Artikel schreiben, Geld verdienen, Kind) und am Ende einfach weg. Der Romananfang lag auf meinem Desktop, ein fetter, unbeweglicher Käfer mit Krämpfen, genauso von Krämpfen geschüttelt wie der mir an jenem Wintertag verkrampft in den Kopf rappende Eminem. Ich dachte an den Käfer auf meinem Desktop, der zu stinken begann und mich anglotzte. Und ja, Zeit und Geld spielten bei seiner Verrottung eine Rolle, aber es ging um mehr, dachte ich und humpelte weiter, während Eminem mir in den Kopf rappte, dass er in einem Club noch nie eine Frau getroffen habe, die es wert gewesen sei, näher kennengelernt zu werden, und dann von dem Blowjob berichtete, den ihm eine solche unwerte Frau schließlich verschafft habe, dieser Trottel. Es ging um mehr, dachte ich den Käfer betreffend, es ging um die Frage, ob ich, die in ihren Romanen meistens »ich« schrieb, weiterhin »ich« schreiben wollte. Ich konnte dieses Ich nicht mehr sehen, ich hatte keine Lust mehr, es durch meine Texte zu schleifen, und es gefiel mir nicht, wie es angeguckt wurde, am wenigsten von mir selbst. Was war mit meiner Familie, die inzwischen etwas dagegen hatte, sich in Texten wiederzuerkennen. Gab es nicht ganz andere Geschichten von Menschen, die erzählt werden mussten, Menschen, die nicht die Geschichte erzählten, die die meisten (weiß, akademisches Milieu) erzählten, wobei sie (die meisten) ihre Geschichte (weder die eigene noch die der anderen) oft gar nicht kannten, weil alle um sie herum waren wie sie selbst. Was war es für eine Frechheit, was für eine Breitbeinigkeit, die Geschichte der meisten zu erzählen. Oder sollte ich es besser die Sorge um sich selbst nennen, denn hatte dieser Gedanke für den, der ihn dachte, nicht auch eine stabilisierende und vor allem legitimierende Funktion: Ich, die Fragenstellerin, bin voller Redlichkeit, ich erkenne meine Schuld, ich darf es also, nobilitiert durch meine Zweifel, wieder tun. Denn hätte ich gewusst, wie ich die Geschichte, die ich erzählen wollte, erzählen musste, hätte ich sie sofort erzählt, natürlich.

Dennoch irritierten mich diese Fragen, und das Eingeklemmtsein zwischen ihnen lief tatsächlich auf eine ganz andere, sehr alte Frage hinaus, die ich mir seit jeher stelle: Kann ich das überhaupt, konnte ich es noch?

Ich kann nicht anders, aber ich muss bei dem letzten Satz immer an einen Mann mit krummem Rücken denken, der über seinem Penis sitzt, ihn anguckt und sich fragt, ob er noch funktioniert, und das ist im Wesentlichen das, was der inzwischen 48 Jahre alte Eminem seit sagen wir großzügig acht Alben tut, so auch auf seinem letzten, das ich mir im letzten Winter anhörte, als ich weder joggen noch schreiben noch den alt gewordenen Eminem beziehungsweise mich ertragen konnte. Er war so unglaublich alt geworden. Nicht nur seine Musik, er sah auch so alt aus. Ein bisschen wie der späte Michael Jackson, über den er sich früher immer lustig gemacht hatte: genauso wächsern, dünn und entrückt, genauso fragile Gesichtszüge, die bei Berührungen sofort schmelzen oder wegrutschen würden.

Für Schriftsteller*innen ist es eigentlich okay zu altern, man beginnt sie dann ernst zu nehmen, sogar Frauen, bei denen sich nach dem Klimakterium niemand mehr dafür interessiert, wie und ob sie überhaupt aussehen (Siri Hustvedt sagte einmal, sie finde es fantastisch zu altern, weil die Leute nun endlich ihre Texte läsen). Werden

Frauen jedoch zu Beginn ihrer Karriere als »junge Autorin« (ein Topos, ein regelrechter Fetisch) gelabelt, dann haben sie damit ein Verfallsdatum, nach dessen Ablauf sie sich als »ernsthafte Autorin« beweisen müssen. Kritischer Moment, aber immerhin besteht die Möglichkeit, es zu schaffen. Als Rapper*in ist es schwierig. Es gibt kaum nennenswerte Beispiele für alternde Rapperinnen (Lil'Kim, Foxy Brown, Lauryn Hill sind alle irgendwann einfach verschwunden) und nur wenige für alternde Rapper (Jay-Z, Snoop Dogg, Eminem, Nas), was mit daran liegt, dass Rap ein vergleichsweise junges Genre ist, in dem das Altern kaum erprobt ist und erst seit Kurzem öffentlich versucht wird (was eigentlich nur Jay-Z einigermaßen gelingt, dank Beyoncé). Bei diesem Alterungsproblem spielt vermutlich auch eine Rolle, dass Rap als ewige Variation seiner Ursprungserzählung (wie ich ganz unten war, es nach oben schaffen wollte und es dann nach oben schaffte) gedacht wird und diese Story natürlich erstens jungen Menschen vorbehalten und zweitens recht schnell auserzählt ist. Rap von unten nach oben funktioniert, Rap von oben nach unten auch, aber mit zeitlicher Begrenzung, und das wissen die Beteiligten, sie wissen, dass sie nicht für immer darüber rappen können, wie oben sie sind (hat Eminem übrigens nie gemacht, er hat vor allem erzählt, wie einsam er da ist, dass er Drogenprobleme hat, aber, klar, immer noch der Beste ist). Und vielleicht macht es Sinn, an dieser Stelle kurz daran zu denken, dass Rap als Kunstform von der sogenannten Mehrheitsgesellschaft, also jenen, die deuten und feststellen dürfen, weiterhin nicht voll anerkannt wird. Natürlich, Rap wird von den Feuilletons geliebt, und zwar vor allem für die Möglichkeit, von dem funky Gegensatz Rap/Feuilleton (jung/alt, wild/bürgerlich etc.) zu profitieren. Aber Rap wird sich selten ernsthaft vorgestellt als eine Kunstform, die theoretisch das Gleiche können könnte wie Lyrik oder Prosa (Mehrdeutigkeit, perspektivisches Erzählen etc.), als eine Kunstform also, die für ihre Künstler*innen weitaus größere Entwicklungsmöglichkeiten bereithalten könnte. Und er wird sich auf diese Weise weder von den Rapper*innen (zumindest von vielen nicht) noch von den Kunst-Deutungs-Beauftragten vorgestellt, wobei man, um die Gründe dafür zu benennen, ein eigenes, sehr umfangreiches Buch schreiben müsste, in dem es um die Verteilung von Macht, Chancen und Geld, also um Klassismus und Rassismus (und Misogynie) ginge.

Worauf ich hinauswill, ist, dass Eminem, der (zusammen mit anderen Rappern wie etwa Kendrick Lamar) für die Weiterentwicklung von Rap als literarischer Form steht, älter geworden ist und nun seine Sprache nicht mehr funktioniert. Er rappt nicht mehr von unten nach oben, er rappt von oben nach unten, allerdings ohne Teil eines anerkannten, gebildeten Establishments zu sein, zu dem er als Schriftsteller möglicherweise gehört hätte. Und inzwischen ist er nicht nur reich geworden, es haben sich auch die Zeiten geändert, zu denen er sich äußert. Ton, Haltung und Perspektive wirken völlig falsch, als passten sie nicht mehr zum Jetzt, jedenfalls nicht zu meinem. Worauf ich also eigentlich hinauswill, ist, dass ich während meiner Begegnung mit Eminem im letzten Winter im Park bei dem Versuch zu joggen verstand, dass wir ähnliche Probleme (den richtigen Ton finden, als Autor*in älter werden) hatten, dass er Teil meines Problems war (weil ich über ihn schreiben würde) und vor allem dass seine und meine Probleme auf komplizierte Weise miteinander verbunden waren.

Okay, dachte ich, blieb kurz in dem Park, in dem ich inzwischen angekommen war, stehen und stützte meine Hände auf die Knie. Okay, du willst also joggen, aber schleifst humpelnd eine Leiche durch den Park, du kannst nicht schreiben, was du schreiben willst, hast dich aber bereit erklärt, über eine Leiche zu schreiben, die ebenfalls Schreibprobleme hat und die inzwischen als eine der inakzeptabelsten Leichen überhaupt gilt. Es wird fantastisch, die Leute werden es lieben, dachte ich, humpelte zu einer Bank, setzte mich und hievte die Leiche daneben. Ich saß da und konnte mich nicht mehr bewegen. Aber in diesem Moment bewegte sich die Leiche neben mir, Eminem öffnete die Augen und sagte in dieser nasalen Stimmlage, die er immer hat, wenn er Slim Shady (sein böses, psychotisches Alter Ego) ist: There is a Slim Shady in all of us, oder nicht? Ich meine, du bist es, die eine Leiche durch den Park schleift; du bist es, die diese Leiche anschreit und ihr dauernd sagt, dass sie endlich still sein soll. Vielleicht bin ich nicht der Einzige, der hier eine Schraube locker hat, vielleicht beschäftigst du dich ein bisschen zu sehr damit, was andere über das, was du schreibst, denken.

Ich: Du machst doch nichts anderes. Worüber du aber nicht nachdenkst, ist die Frage, warum Blow-Job-Witze über wertlose Frauen keine Pointe haben, außer dass bei dir etwas nicht stimmt.

Er: Habe nie etwas anderes behauptet. Also, shut up, Bitch!

Ich: Sei leise, was, wenn uns jemand hört?

Er kicherte, und auch wenn ich nicht wollte, musste ich ein bisschen lachen. Aber dann verdrehte er die Augen, und sie fielen ihm wieder zu. Ich wusste, dass ich ihn hier nicht liegen lassen konnte. Ich würde ihn den ganzen Weg nach Hause tragen, es würde schwer werden, aber da gehörte er hin.

2.

Eminem – den man inzwischen mit der Kategorie des alten weißen Mannes beschreiben kann, insbesondere wenn man den Punkt machen möchte, dass er sich verhält, wie man es alten weißen Männern häufig nachsagt –, diesem Eminem könnte man also unterstellen, dass er schreit, weil er Angst hat, es nicht mehr zu können, weil er befürchtet, irrelevant geworden zu sein. Aber Angst (und in diesem Punkt verstehe ich mich dann wieder sehr gut mit ihm), Angst war in seinen Texten nicht nur schon immer ein zentrales Motiv, es war auch seit jeher ein entscheidender Motor. Angst, ausgelacht zu werden, Angst, nicht abliefern zu können, Angst, nichts Vernünftiges schreiben zu können, Angst, betrogen zu werden, Angst, dass die Familie kaputtgeht, Angst, für diese Familie nicht sorgen zu können, Angst, dass alles auseinanderbricht – Angst, dass die anderen erkennen, wer das Ich aus seinen Texten ist, und dass dieses Ich nichts ist und schlecht. Dass Eminem von Beginn an regelmäßig Horror- und Splatterfilme aufrufende Settings für seine Geschichten (»Kim«, »'97 Bonnie & Clyde«) wählte, sich intensiv für Serienmörder (»Relapse«) interessierte und immer wieder völlig psychotische, paranoische Stimmen zu Wort kommen ließ, kann man als zugespitzte Variation dieses Angst-Motivs verstehen und natürlich außerdem als Hinweis auf den kulturellen Fundus, aus dem er sich bedient (er hat in seinem Leben wohl wirklich viel Fernsehen gesehen, jedenfalls sind seine Texte voll von Referenzen zu TV-Shows und Filmen).

Angst war in Eminems Texten also schon immer ein zentrales Motiv, und zwar insbesondere wenn es um Rappen, also Schreiben ging. In einem Interview, das er nach fünfjähriger Pause im Jahr 2009 gab, sprach er über die Schreibblockade, die er nach seinen frühen Wahnsinnserfolgen hatte, und beschrieb diesen Zustand so: »I couldn't write a rhyme to save my life.« In einem anderen

Interview sagte er, dass es für ihn schrecklich gewesen sei, nicht schreiben zu können, weil schreiben und rappen nun mal die einzigen Dinge seien, die er könne. Das eigene Leben retten, indem man schreibt; Schreiben als Bedingung des eigenen Lebens; Schreiben als Voraussetzung und Beweis dafür, dass man ist und weiter sein darf. Der israelische Schriftsteller Etgar Keret hat einmal gesagt, dass er zwei Sorten von Schriftsteller*innen kenne: die, die abgesehen vom Schreiben jede Tätigkeit ausüben könnten, weil sie sie auf eine genauso kompetente, slicke, sorgfältige Weise ausführen würden, wie ihre Texte gemacht sind. Und die, die nur schreiben können. Man kann Etgar Kerets und Eminems Aussage natürlich gut kitschig und lächerlich finden, man kann sagen, sie sei grundiert durch die etwas schlichte, vor allem Männer anbetende Vorstellung, hier arbeite ein inselbegabtes Genie, und wahrscheinlich stimmt daran auch etwas. Was aber eben genauso wahr ist, ist die Omnipräsenz der Geschichte des modernen Individuums, das, völlig auf sich gestellt, gegen alle Widerstände und ganz egal auf welche Weise es benachteiligt ist, durch harte Arbeit nach oben gelangt, nämlich indem es seine wahren Fähigkeiten erkennt, an sie glaubt und sie schließlich zu irgendetwas umwandelt, das andere haben wollen. Was genauso wahr ist, könnte man also sagen, ist, dass Menschen beauftragt sind, eine sinnstiftende Tätigkeit zu finden, mit der sie Geld verdienen können, und dass Erfolg oder Scheitern dieses Projekts als allein ihre Angelegenheit verstanden wird. Eine Angelegenheit, die direkt mit dem Selbst, das sich da verwirklicht und dadurch zu Geld zu kommen versucht, verknüpft ist. Und das heißt, es wird sehr persönlich, das heißt, entweder du schaffst es, oder du bist nichts, du existierst nicht, und das gilt selbstverständlich auch für Leute, die schreiben oder rappen oder beides.

Mir jedenfalls ist jedes Mal schlecht, bevor ich einen Text anfange, seit über sechzehn Jahren wird mir regelmäßig schlecht, wenn ich daran denke, einen Text schreiben zu müssen, obwohl ich glaube, dass ich mir das Schreiben mal ausgesucht habe, weil niemand mir dabei zusehen würde, wie ich tue, was ich tue, und dass mir dabei schlecht ist. Denn mir war ja schon lange vorher schlecht geworden, mir war schlecht geworden beim Abiturmachen, beim Autofahren und beim Kellnern, mir war eigentlich immer schlecht geworden, wenn der Vertrag darin bestand, dass ich entweder ablieferte oder es ein Problem gab, bei dessen Herstellung man mich live beobachten konnte. Das Gute am Schreiben war dagegen immer gewesen, dass es diesen zeitlichen Aufschub gab, währenddessen dich kein Lehrer, kein Vorgesetzter beobachtete, und innerhalb dieser Lücke bestand die Möglichkeit, keine Angst zu haben, sie bedeutete eine Pause von alltäglichen Taktungen und Zurichtungen, wobei es sich natürlich nur um eine kleine Gnadenfrist handelte. Denn irgendwann kamen Leute, die überprüften, ob du abgeliefert hast, die dich beurteilten und kritisierten und entschieden, ob du sein darfst, ob du mitmachen darfst, immer. Das klingt feindselig und in seiner Totalität etwas schematisch und unreif, genau, das klingt nach der Underdog-Mentalität vieler Rapsongs und erinnert mich außerdem an den hektischen Sound (kreischende, elektrische Klänge, Stimmen, die sich nie ausreden lassen, dauernd Geschrei) des Netflix-Films »Uncut Gems«. Darin geht es um einen Juwelenhändler, der, besessen, spielsüchtig und völlig verschuldet, versucht, zu viel Geld zu kommen, indem er alles auf eine Wette setzt und dabei, gefilmt von einer zitternden Kamera, von seinen gnadenlosen Gläubigern durch den Diamond District New Yorks gejagt wird, weil er ihnen nicht gibt, was sie wollen. Der Film gilt als Parabel auf den sogenannten Spätkapitalismus, seine Protagonisten zerplatzen unter dem Druck, den sie aufeinander ausüben, und irgendeiner sagt am Ende: »When you win, it's all that matters. The big be quiet, the big shut up, you know. Killin' doubters, killin' haters.«

Und genau davon, vom Haben und Bezwingen der Angst, indem man tut, was man glaubt, am besten zu können, worauf entweder alles oder nichts folgt, rappt Eminem in »Lose Yourself«, dessen Chorus mit folgenden Worten beginnt: »You better lose yourself in the music/The moment, you own it/you better never let it go/You only get one shot, do not miss your chance to blow/This opportunity comes once in a lifetime, yo.«

Es ist natürlich kein Zufall, dass es sich dabei um eines der erfolgreichsten Lieder der Rap-Geschichte handelt, für das Eminem 2003 einen Oscar bekam, einen amerikanischen Oscar für die sehr amerikanische und anschlussfähige Du-kannst-alles-schaffen-Urerzählung, die sich weltweit unzählige Menschen mit unzähligen Problemen angehört haben, die sie überwinden wollten. Im Fitnessstudio, auf dem Weg zur Arbeit, zur Schule, also zu Wettbewerben jeder Art (der einstige Fußballbundestrainer Jürgen Klinsmann spielte »Lose Yourself« der Nationalmannschaft vor, um sie zu motivieren).

Der sprachlich irgendwas zwischen kunstvoll und ehrgeizig gestaltete Text des Liedes beginnt in der dritten Person Singular, nämlich mit der Perspektive des Protagonisten von »8 Mile« (2002), also jenem Film, der auf halbautobiografische Weise die Geschichte eines sehr begabten, armen Rappers aus der weißen Unterschicht erzählt, der am Ende doch gewinnt. Wie Eminem wächst der von Eminem gespielte Jimmy ohne Vater auf, wie Eminem hat er eine Mutter, die ihr Leben nicht im Griff zu haben scheint und mit der er in einem Trailer wohnt, der nicht da steht, wo die Weißen wohnen, nämlich in den Vororten, sondern innerhalb der Stadtgrenzen Detroits, das zu achtzig Prozent von Schwarzen bewohnt wird. Wie einst Eminem leidet dieser Jimmy unter den brutalen, scheinbar ausweglosen Bedingungen seines Daseins, und das Einzige, was ihm hilft, trotzdem weiterzumachen, ist das Rappen, was jedoch zum nächsten Problem führt, nämlich dass Jimmy von der nahezu ausschließlich schwarzen Rap-Community nicht ernst genommen wird. Und wahrscheinlich ist das rockyhafte Besiegen dieses scheinbar unüberwindbaren Hindernisses ein weiterer Grund dafür, dass Eminem als Figur und der an sein Leben angelehnte Film so erfolgreich waren, nicht zuletzt weil das ja als ein weiterer Beweis dafür gelten kann, dass es in Amerika wirklich JEDER schaffen kann, also dass der Markt alle durchlässt, die wirklich etwas können (selbst Weiße, Zwinkersmiley).

Aber zurück zu Jimmy. Eingeklemmt zwischen der Demütigung, von weißen bürgerlichen Menschen als erbärmlicher White Trash betrachtet beziehungsweise überhaupt nicht gesehen zu werden und von der schwarzen Community nicht als Rapper anerkannt zu werden, lässt er sich – natürlich – nicht unterkriegen, er versucht es, und so beginnen der Film und »Lose Yourself«, der Soundtrack dazu.

Man sieht Jimmy in den heruntergekommenen Toilettenanlagen eines Clubs, er soll gleich zu einem Battle antreten. Aber er kann nicht, ihm ist schlecht, er muss sich übergeben, es dauert quälend lange, bis er endlich auf der Bühne steht, wo er vor Angst kein Wort rauskriegt. Eminems gerappte Worte, durch die er jene Szene beschreibt, gehen so: »His palms are sweaty, knees weak, arms are heavy/There's vomit on his sweater already: Mom's spaghetti/He's nervous, but on the surface he looks calm and ready/To drop bombs, but he keeps on forgetting/What he wrote down, the whole crowd goes so loud/He opens his mouth, but the words won't come out/He's choking, how? Everybody's joking now/The clock's run out, time's up, over – blaow!«

Es folgt die eindringliche Beschreibung der Beschissenheit von Jimmys Situation, die dann in die erste Person Singular wechselt und sich perspektivisch mit der des frühen Eminem vermischt (beide sind arm, wollen aus dem Trailer raus, und die einzige Möglichkeit ist Rap). Stellenweise wird aber auch die Perspektive des zum Zeitpunkt des Verfassens von »Lose Yourself« aktuellen Eminem eingenommen (dieser Eminem antizipiert, dass sich bald niemand mehr für ihn interessieren wird, und auch seine einzige Möglichkeit ist: Rap). Allen gleich ist die Erfahrung, »gekaut und ausgespuckt«, also von der Bühne runter oder ganz grundsätzlich vom Leben ausgebuht worden zu sein und trotzdem weitergemacht zu haben, indem sie ihrer *wahren* Bestimmung gefolgt sind. Und damit, nämlich durch die Offenlegung von Kränkungen und ihrer energischen Bekämpfung durch die Flucht nach vorne, hat Eminem ein beinahe universelles Identifikationsangebot gemacht, das für viele Menschen passend war. Für mich und Jürgen Klinsmann zum Beispiel (mit dem ich wirklich nichts zu tun habe), auch wenn weder er noch ich je in Detroit in einem Trailer gelebt haben und auf Foodstamps angewiesen waren.

Ich habe dieses Lied (genauso wie den Film) geliebt und unzählige Male gehört. Und auch wenn ich seine moralische Implikation (wenn du es nicht schaffst, bist du selber schuld) erst später verstanden habe und inzwischen falsch finde, liebe ich es immer noch. Weil es ein gutes Lied ist. Weil ich immer viel Angst hatte und das Schreiben eine Möglichkeit war, diese Angst zu besiegen – you better lose yourself in the music oder eben im Schreiben – und am Ende vielleicht sogar damit zu gewinnen. Weil das Schreiben schon immer die einzige Möglichkeit war, die Angst vorm Schreiben zu beseitigen und in die Lücke der Angstfreiheit zu gelangen, und insofern ergibt für mich die Aussage »I need a rhyme to save my life« wirklich viel Sinn. Sie hat aber eben auch diesen sehr kämpferischen, fitnesstrainerhaften Aspekt, der für »Lose Yourself« absolut konstitutiv ist: Ein vorbildlicher, das heißt fleißiger, disziplinierter, zupackender Charakter führt zum Erfolg. Die Gesellschaft will dich nicht, ja, die Gesellschaft ist antisozial und ungerecht, aber hey, fang einfach bei dir selbst an, arbeite an dir, und du wirst es schaffen. Bei diesem Glaubenssatz handelt es sich um das Rap-Thema überhaupt, was übrigens auch erklärbar macht, warum Autos und Frauen im Hip-Hop so wichtig sind. Diese Statussymbole sind nicht bloß Ausdruck von Erfolg, sie sind vor allem Zeugnis eines fantastischen Charakters (was wiederum eine zutiefst bürgerliche Geschichte ist, keine neue Pointe, ich weiß, aber trotzdem).

Es mag vielleicht zunächst etwas entfernt wirken, aber genau darüber, nämlich über die sich durch die steigende Inanspruchnahme von Coaches, Therapeuten und sonstigem Optimierungspersonal manifestierende Tendenz, das Individuum und nicht die Gesellschaft, in der es lebt, für sein Unglück verantwortlich zu machen, hat die Soziologieprofessorin Eva Illouz zusammen mit dem Psychologieprofessor Edgar Cabanas ein Buch geschrieben (»Das Glücksdiktat«, 2019). Die beiden beschreiben einen ganzen Industriezweig, der Dienstleistungen anbietet, mit deren Hilfe man sich zu einem wertvollen (glücklichen, erfolgreichen) Individuum entwickeln kann, und ihre Kritik daran liegt auf der Hand: Wenn jede*r sich um sich selbst kümmert, wenn jede*r selber dafür Sorge trägt, dass er oder sie sich gut fühlt, also mit der vorgefundenen Realität klarkommt, wie fantastisch ist das bitte für Regierungen, Unternehmen, öffentliche Institutionen. Was für traumhafte, affirmative Super-Gesellschaftsmitglieder gehen daraus hervor, wie toll kann man in so einer Gesellschaft auf Gesellschaft verzichten (beziehungsweise präzise welcher Teil ist denn tatsächlich in der Lage, sich diesen Verzicht leisten zu können etc.).

An dieser Kritik stimmt natürlich viel, aber sie ist auch ein bisschen ärgerlich, weil der sogenannten Wirklichkeit enthoben: Denn welchen Tipp hätte man denn Jimmy oder Eminem sonst geben sollen, wenn man ihnen helfen wollte, sich selbst zu erhalten? Was hätte man sagen sollen, außer arbeitet hart, gebt nicht auf, glaubt an euch? Macht es genauso, wie in »8 Mile« dargestellt, feilt an euren Fähigkeiten, geht nicht feiern, sondern brav zur Schicht und vergesst die Familie nicht, denn die sind am Ende die Einzigen, auf die ihr euch verlassen könnt. Welchen Tipp sollte man einer Autorin, die ein Buch schreiben will, sonst geben, außer arbeite hart, gib nicht auf, glaub an dich? Mach hin und wieder Sport, geh regelmäßig zum Therapeuten und schreib dann ein Buch über dein Unglück, dessen Niederschrift es dir ermöglichen wird, dich innerhalb der Logik, die deinem Unglück zugrunde liegt, zu stabilisieren und das, wenn es gut läuft, auch anderen Menschen genau dabei hilft.

3.

Das war im Grunde, wonach Eminems Texte immer gerufen haben: nach Stabilität. Stabiles Einkommen, stabile Familie. Ein Haus, in dem diese Familie leben kann, eine Mutter, die klarkommt (keine Drogen, kein Alkohol) und vor allem in ihrer Eigenschaft als Mutter in Erscheinung tritt, also niemanden durch ihre Sexualität überfordert. Diese Mutter sollte anwesend sein, und zwar exklusiv, sie sollte sich im Griff haben und keinen Anlass zu Scham geben. Kinder sind konservativ, und das war, was auch ich wollte: eine heile Familie, eine nach anerkannten Maßstäben gute Mutter, Wohlstand, damit die anderen sahen, dass wir ganz normal sind. Wir lebten in einem Dorf, eine Straße mit Einfamilienhäusern, die alle gleich aussahen, darin ungetrennte Eltern mit ihren Kindern, die Väter gingen Mittelschichtsberufen nach, woraus damals in der Regel folgte, dass die Mütter zu Hause blieben und still und leise dafür sorgten, dass das Soziale reibungslos verlief (ordentlich gekleidete Kinder, Kuchen für Schulfeste, liebevoll gestaltete Kindergeburtstage). Wir waren anders, wir kamen nicht aus dem Dorf, meine Eltern redeten nicht so wie viele aus dem Dorf. Mein Vater war unbeschreiblich, ein Anarchist mit wild zusammengeschraubten Autos, den man in der ganzen Straße hören konnte, wenn er brüllte. Meine Mutter war oft unglücklich und sehr schick, schicker als die anderen Mütter aus der Straße, und sie fand es zu meinem Bedauern nie interessant, so zu werden wie sie. Sie bereitete sich darauf vor, ihren Beruf wiederaufzunehmen, lernte dabei einen anderen Mann kennen, und dann trennten sich meine Eltern. Moralisch wohl auf ähnliche Weise konditioniert wie Eminem, der von seinem Vater verlassen und von seiner Mutter großgezogen wurde, machte ich zunächst vor allem meine Mutter für unsere Explosion verantwortlich. Nachdem sie ausgezogen war, wurde es bei uns zu Hause ziemlich messy, und das sahen die Nachbarn. Ich hasste ihre mitleidigen Blicke, aber was ich noch mehr hasste, war das Schweigen, das vornehme Schweigen der Besseren, wie ich damals dachte. Das ist nicht die ganze Geschichte, die ist unangenehmer und komplizierter. Nein, diese Geschichte wird, auf diese Weise erzählt, gar niemandem gerecht, aber um den Punkt zu machen, dass ich die Fassade der anderen beneidete und sie ihnen gleichzeitig nicht glaubte, reicht diese Fassung, anhand derer außerdem deutlich wird, dass in dem Moment, in dem man sich – wie Eminem es in seinen Texten natürlich fortwährend tut – selbst erzählt, die Fiktionalisierung beginnt (und auch hier wieder beim Schreiben die Frage, mit der Eminem ebenfalls immer wieder zu tun hat: Wie viel von meinem Ich biete ich an, wie findet das meine Familie etc.?).

Ich war also wütend auf das Intaktsein der anderen, und genau dieses Tut-doch-nicht-so-Moment motiviert eine Reihe von Eminem-Liedern (»My Name Is«, »The Real Slim Shady« oder »Guilty Consciense« zum Beispiel), und zwar jene, die wesentlich dafür verantwortlich waren, dass er zeitweise als so etwas galt wie der Antichrist, als die absolute Unmoral in Person. Verantwortlich dafür war maßgeblich Slim Shady, eine Kunstfigur, die Eminem erschaffen hatte und die er in »My Name Is«, also jenem Lied, mit dem er 1999 die Bühne betrat und berühmt wurde, einführte (und die auch in den hier genannten Liedern »The Real Slim Shady« und »Guilty Conscience« zu Wort kommt). Dieser Slim Shady rappte mit einer nasal-quakenden Stimme und war die bösartige, psychotische, sozialmoralischen Konventionen scheinbar unverpflichtete Handpuppe Eminems (und des Amerikas der damaligen Zeit). Eminem schaffte für Slim Shady ein von »South Park«-Humor und Horrorfilmen grundiertes Setting, in dem die Gesetze des Comics gelten (Slim Shady erhängt sich und lebt trotzdem weiter, er überfährt Fußgänger mit einem Raumschiff und führt einen Rottweiler mit abgetrenntem Kopf spazieren, den er anschreit, weil er nicht aufhört zu bellen, etc.), und entwarf ihn als den absoluten Albtraum besorgter Eltern, die für sich so etwas wie »anständige Bürgerlichkeit« reklamierten. Slim Shady kommt in der Schule nicht klar (als sein Lehrer ihn endgültig rausschmeißen will, verfolgt Slim Shady ihn mit einem Tacker und befestigt die Hoden dieses Lehrers an einem Papierstapel), er beleidigt und schlägt Frauen (reißt Pamela Anderson die Brüste ab und schlägt sie so hart, dass ihre Kleider danach falschherum sind, »like Kris Kross«), er fährt betrunken Auto (»I just drank a fifth of vodka, dare me to drive?«), nimmt Drogen (Acid, Gras), und das alles in nur einem Lied. Aber noch schlimmer: Seine Mutter, die auch in Amerika heilige Mutter und Hüterin ihrer – du lieber Himmel – Keimzelle, der Kleinfamilie, diese Mutter nimmt ebenfalls Drogen (»I just found out my mom does more dope than I do«). Und am allerschlimmsten: Slim Shady schweigt darüber nicht, er kündigt im Gegenteil gegenüber seiner Mutter rappend an, dass er vorhabe, ein Rapper zu werden, der ein Album allein über seinen Drogenkonsum aufzunehmen plane, und dass dieses Album dann mit dem Namen seiner Mutter betitelt werde.* Was hier mindestens ebenso schwer wiegt wie die Beschmutzung des weißen bürgerlichen Selbstbilds,

* »I just found out my mom does more dope than I do/I told her I'd grow up to be a famous rapper/Make a record about doin' drugs and name it after her.«

ist, dass sich dieser Slim Shady in »My Name Is« bei dessen Zerstörung explizit an die »Kids« wendet. »Hi Kids«, fragt er zu Beginn in TV-Host-hafter Manier, mögt ihr Gewalt? Wollt ihr zusehen, wie ich mir Nägel durch die Augenlider bohre? Wollt ihr Drogen nehmen und euer Leben genauso zerstören, wie es meins bereits ist?

Natürlich spielt er damit auf die Präsenz täglicher Gewalt nicht nur in seinem amerikanischen Unterschichtsleben, sondern auch im Fernsehen an, die jedoch er, der weiße Rapper mit dem Asi-Flavour, besser nicht benennen solle, weil es sonst Empörung gibt. Die Denunziation dieser Doppelmoral zieht sich durch den gesamten Text, und darum geht es auch in »The Real Slim Shady«, einem ähnlich temperierten Album-Ankündigungs-Lied, das er wenig später veröffentlichte. Wieder inszeniert er Slim Shady als nach offiziellen Maßstäben verkommenen Totalverrückten, der aber, im Gegensatz zu allen anderen, die Wahrheit sagt oder eben das, was alle sagen, wenn sie sich unbeobachtet fühlen. Diese Wahrheit ist voller Frauenverachtung, Schwulenfeindlichkeit und Gewalt. Und alles, was er, Slim Shady, tue, sei, diesen Locker-Room-

Talk öffentlich zu machen, und damit kommen wir zu einem für Eminems gesamten Künstler-Selbstentwurf zentralen Aspekt: der Wahrhaftigkeit, der *Echtheit* und *Ehrlichkeit* (die man nicht nur mit der Rap-Kategorie der *Realness* in Verbindung bringen kann, sondern bei Eminem auch mit guter, alter amerikanischer Bodenständigkeit). Dieser Wahrhaftigkeitsanspruch wird aber eben überhaupt nicht so plump transportiert wie die Inhalte, die er vermittelt, sondern durch eine völlig überdrehte Clown-Figur, deren Schöpfer immer wieder deutlich macht, worum es sich dabei handelt: um eine literarische Figur, die an das Leben ihres Erfinders angelehnt ist – denn nur so entsteht die für Eminem-Texte grundlegende Spannung zwischen Künstlerbiografie und Werk, und das war ihm, clever, wie er ist, früh klar. Daraus folge jedoch nicht, dass seine Texte »literal«, also wortwörtlich, zu verstehen seien (sagt er in tausend Interviews und Liedtexten). Und daraus folgt, dass es sich dabei um nichteigentliches Sprechen handelt (und nein, damit ist das Thema Schwulen- und Frauenfeindlichkeit selbstverständlich überhaupt nicht erledigt, dazu später).

Dennoch ist diese ironisch gebrochene Figur in ihrer Ironie nicht ganz ungebrochen, wenn sie, dem Anspruch der Wahrhaftigkeit verpflichtet, in beiden hier erwähnten Liedern betont, dass sie (einmal sogar von Gott) gesandt worden sei, um die Scheinheiligkeit zu zerstören. Das ist ihr Impetus, und so arbeitet sie sich immer wieder ab an den in den beginnenden Nullerjahren boomenden Boybands, an Figuren wie Christina Aguilera oder Britney Spears und natürlich an ihrer sozialen Herkunft. Wer hier spricht, ist also nicht die personifizierte Anti-Moral, sondern ein gekränkter Moralist, ein gekränktes Kind im Grunde, das eine bessere Moral fordert (Familie, Wohlstand und ein Ende der in ihrer Verlogenheit zynischen öffentlichen Moral, die ihm, Eminem, verbieten will, über den wahren Zustand von Familie und Wohlstand zu rappen). Die Nervosität, die er dadurch hervorrief, ist damit erklärbar, dass hier ein scheinbar identifizierbares Ich sprach, das auch noch behauptete, dass in allen ein solches Ich, ein solcher Slim Shady wohne, nicht zuletzt in den Köpfen seiner jungen Hörerschaft. Dass er das Prinzip, das der Aufregung um seine Person zugrunde lag, verstanden hatte, zeigte Eminem, als er sich, »The Real Slim Shady« performend, zur Grammy-Verleihung im Jahr 2000 von unzähligen jungen Männern in die Radio City Music Hall führen ließ, die aussahen wie er (weiß, blondierte Haare, weißes Shirt, große Jeans). Das war es, was die amerikanische Öffentlichkeit nervös machte. Denn nachdem Eminem erst mit der »Slim Shady LP« und dann der »Marshall Mathers LP« auf gigantische, beinahe entfesselte Weise erfolgreich geworden war, wurde ihm »Mind Pollution« vorgeworfen, galt er als eine ernste Gefahr. Präsident Bush soll ihn als die größte Bedrohung für die amerikanische Jugend seit Polio bezeichnet haben, und die Frau des ehemaligen US-Vizepräsidenten Lynne Cheney fand, seine Texte seien »das extremste« Beispiel für Erniedrigung von Frauen und Homosexuellen überhaupt, und war »entsetzt«, als ihm mehrere Grammys verliehen werden sollten, weswegen Frauen-, Kirchen- und Homosexuellenvereinigungen dagegen demonstrierten (alle zusammen!). Warum aber hatte sich niemand früher aufgeregt, wenn Eminem doch weder Rap noch seine misogynen und schwulenfeindlichen Inhalte erfunden hatte?

Dazu ein paar Hinweise, die bei der Beantwortung der Frage helfen: Eminem ist weiß, und Eminem ist der in Verkaufszahlen mit Abstand erfolgreichste Rapper überhaupt. Wesentliche Voraussetzung für diesen Erfolg war, dass er von Dr. Dre (legendärer Rap-Produzent, einst Teil der ebenfalls legendären Gangsta-Rap-Crew N.W.A.) entdeckt und produziert wurde. Denn nur durch das Gütesiegel des in der im Wesentlichen schwarzen Rapper-Community hochgeschätzten Dres konnte Eminem zu der im Rap grundlegenden Währung des Respekts kommen, nur so konnte er sich als ernst zu nehmender Rapper positionieren, auch gegenüber seiner weißen Hörerschaft. Denn laut einer Untersuchung der Recording Industry Association of America sind Anfang der Nullerjahre, also in dem für Eminems Aufstieg relevanten Zeitraum, fünfundsiebzig Prozent aller Rap-Hörer*innen weiß, jung und männlich. Für die Beantwortung der Frage, warum sich über Eminem so aufgeregt wurde, ist erstens relevant, dass er, ein weißer Rapper, so wahnsinnig schnell so wahnsinnig berühmt wurde, und zweitens, dass weiße junge Männer ihm zuhörten (was natürlich zusammenhängt). Dritter und entscheidender Grund für die Aufregung waren selbstverständlich die Inhalte, mit denen er sein Publikum erreichte: Vater abgehauen, alleinerziehende, tablettenabhängige, alkoholabhängige, arbeitslose Mutter, wohnhaft in einem Trailer. Vollkommen zerschmetterte Moral, Gewalt, Sex, kaputt. Das waren alles Zuschreibungen, die eigentlich für die schwarze Bevölkerung vorgesehen waren, und es war alles okay gewesen, solange Rap, der all das auch schon vorher benannt hatte, im Getto geblieben war. Es gibt einen Sammelband* von Essays zu Eminem, und darin schreibt der Kulturwissenschaftler Gilbert B. Rodman, dass Eminems Vergehen in den Augen der Öffentlichkeit darin bestanden habe, sich auf eine Weise zu benehmen, die von jener Öffentlichkeit als »schwarz« gedacht wurde, die aber durch Eminems Erfolg direkt in ihren weißen Vorgärten landete. Das Skandal-Potenzial von Eminem habe darin bestanden, dass er das offizielle Selbst-

* »Eminem and Rap, Poetry, Race«, herausgegeben von Scott F. Parker, 2014.

bild des weißen Amerikas beschmutzt habe, nicht zuletzt weil diese Logik offenbarte, dass es eine starke Verbindung zwischen Race und Class gibt. Denn wenn die sogenannte weiße Mehrheitsgesellschaft das depravierte Eminem-Verhalten eigentlich für die Schwarzen reserviert hatte, dann lagen dieser Annahme erstens rassistische Gesellschaftsverhältnisse zugrunde, die – zweitens – mit einer hierarchisch organisierten Klassenstruktur korrespondierten. Schwarze unten, Weiße oben, so die Idee, und bekanntermaßen geht es schwarzen Menschen in Amerika, gemessen an Faktoren wie Einkommen, Reichtum, Bildung, bis heute mit Abstand schlechter als den Weißen. Dass es aber auch eine beträchtliche weiße Unterschicht gab, die Dinge tat, die Weiße in weißem Mittelschichtsdenken eigentlich nicht taten, ließ man sich selbstverständlich ungern von Eminem sagen.

So oder so ähnlich beschreibt es auch Eminem in »White America«: Hip-Hop sei in Harlem nie ein Problem gewesen, in Boston hingegen schon, wo sich Menschen, für deren Ansichten man sich interessiert, um das Wohl ihrer Kinder sorgen. Wäre er schwarz, wäre er nur halb so erfolgreich, was, wie er im Text insinuiert, damit zu tun habe, dass er aussehe, wie er aussehe (babyblaue Augen, »just like yourself«), und seine Hörer sich darin wiedererkennen würden. Erst habe ihn wegen seiner Hautfarbe keiner ernst genommen, dann sei Dre gekommen, und nun profitiere er von seinem Weißsein, und es ist interessant, an dieser Stelle zu erwähnen, dass Eminem, der sich sonst zu keinem Zeitpunkt dafür interessiert, ob er bestimmte Personengruppen (Frauen, Homosexuelle) durch seine Texte verletzen könnte, nie, niemals das N-Wort benutzt hat. Es stehe ihm nicht zu, das zu sagen, erklärte er einmal gegenüber der Schriftstellerin Zadie Smith in einem Interview. Der Grund dafür, dass er findet, dass ihm dieses Wort nicht zusteht, ist sehr einfach: Im Rap geht es immer darum, mit Rap zu gewinnen, und Eminem hätte, wenn er das N-Wort benutzt hätte, niemals gewinnen können. Mit Misogynie und Homofeindlichkeit hingegen war gewinnen überhaupt kein Problem. Dennoch: Eminem protokollierte und verdichtete die Lebenswirklichkeit einer bestimmten Bevölkerungsgruppe (weiße Unterschicht), allerdings ohne dadurch offiziell auf irgendwelche identitären, rassistischen Ideen zu kommen, wie sie etwa weiße deutsche Rapper, die sich in der stark migrantisch geprägten deutschen Rapszene positionieren wollten, schon hatten und gegenwärtig vermehrt zu haben scheinen.*

* Der Allererste, der diese Idee hatte, war natürlich Fler, der »stabile Deutsche«, beziehungsweise sein damaliges Label Aggro Berlin.

4.

Okay, ganz einfach: Ich hätte mir auch einen anderen Rapper für dieses Buch aussuchen können. Vielleicht nicht unbedingt einen Weißen, der der erfolgreichste Künstler eines Genres geworden ist, das von Schwarzen erfunden wurde. Notorious B.I.G., 2Pac, Jay-Z oder Nas habe ich auch viel gehört. Aber wer da was erfunden hatte und wer damit am Ende Geld verdiente, war mir, als ich anfing, Rap zu hören (ich war etwa zwölf), völlig egal, das heißt, ich hatte kein Bewusstsein dafür, was natürlich wesentlich damit zu tun hat, dass ich nie von Rassismus betroffen war und der Diskurs um Rassismus damals auf einem ganz anderen Stand war, als er es heute ist. Die Wucht, mit der Eminem um die Jahrtausendwende in unser explodiertes Familien-Wohnzimmer krachte (immer, wirklich immer, wenn ich MTV anmachte, sah ich sein Gesicht), hat eine ganze Menge mit Rassismus zu tun, und ich kann nicht sagen, inwieweit meine Entscheidung, Fan zu werden, dadurch bestimmt war, dass Eminem blaue Augen und blonde Haare hatte. Ich weiß nicht, ob ich damals so was dachte wie: Oh, endlich einer, der rappt und so ähnlich aussieht wie ich, dem höre ich mal zu, der sagt bestimmt Dinge, die etwas mit mir zu tun haben (glaube, ganz so einfach ist es nicht, glaube aber doch, dass Menschen etwa so funktionieren: Sie haben Angst, alleine zu sein, und gehen erst mal zu denen, die aussehen wie sie). Ich weiß nicht, was ich damals gedacht habe, was ich aber sicher weiß, ist, dass kein Rapper mein Schreiben so beeinflusst hat wie Eminem. Was ich weiß, ist, dass Eminems Rap anders war als das, was ich bisher kannte. Neu war, dass ein Rapper innerhalb des ziemlich ernsten, status- und ehrbegeisterten Raps bereit war, sich komplett lächerlich zu machen. Eine ehrenlose Comicfigur, ein Verlierer, der sein Verlierertum ausstellte und die im Rap eigentlich heilige eigene Mutter beleidigte. Sie, sich selbst und andere. Ein Loser, dem ganz neue erzählerische Möglichkeiten offenstanden, weil er nichts zu verlieren hatte, und der die Behauptung, dass doch eigentlich alles ganz schön sei oder zumindest sehr bald gut werden würde, böse, aber lachend zerstörte. Und dieses böse, laute Lachen half mir damals in unserer 30er-Zonen-Spielstraße wirklich weiter. Ich lachte über und mit einem psychopathischen Verlierer, der über sich und die anderen lachte (»I lay awake and strap myself in the bed/Put a bulletproof vest on and shoot myself in the head«). Er fand mit der Strategie, alles, was man in einem Battle gegen ihn verwenden könnte (White Trash, Trailer etc.), einfach selber, aber besser und pointierter zu sagen, eine Lücke, innerhalb derer er sein konnte, und erst als er sie gefunden hatte, wurde er erfolgreich. Diese Lücke wurde auch meine, in der Schule, in unserer Straße, unserem Dorf, aber auch später, als ich anfing zu schreiben. Denn Eminem machte mir ein niedrigschwelliges Angebot. Er, der ein kulturelles Nichts war, nämlich einer, der innerhalb des bildungsbürgerlichen Kanons keine Bedeutung hatte, zumindest nicht in den Augen der Autoritätspersonen, die mich umgaben (Familie, Lehrer*innen etc.), hatte sich eine Kunstfigur zugelegt und schrieb so teilweise großartige Rollenprosa. Daran dachte ich und denke ich noch immer, wenn ich eine bestimmte Schreibhaltung abrufen will, nämlich diese psychotische, tarantinohaft übertriebene Stimmung, die ein bisschen klingt wie »My Name Is«.

5.

Es gab noch etwas in Eminems Texten, an das ich dachte, wenn ich schrieb, und das war die Radikalität, mit der er sein eigenes Leben zu Geschichten machte, zu einer großen, fortlaufenden Geschichte, unterteilt in viele kleine Kapitel, die immer wieder aufeinander Bezug nahmen. Die eben beschriebenen Lieder (»My Name Is«, »The Real Slim Shady«) bilden ein bestimmtes Genre in Eminems Repertoire: vorgetragen mit der Slim-Shady-Stimme, übertrieben, comichaft, keine durcherzählte Geschichte, sondern auf Pointen hingeschrieben, vergleichbar vielleicht mit einer Comedyeinlage. Ein weiteres typisches Eminem-Narrativ ist die teilweise melodramatische, teilweise splatterhafte, in jedem Fall aber eher unlustige Inszenierung seiner

Familiengeschichte, wobei diese Dramatisierung des eigenen Lebens mal von Slim Shady (der Irre), mal von Eminem (die Künstlerperson) oder Marshall Mathers (bürgerlicher Name von Eminem, verkörpert Eminem, als er noch arm war) vorgetragen wird. Die Hauptrollen besetzen in wechselnden Konstellationen dem realen Leben entstammende Figuren, nämlich: zuallererst und immer wieder seine Mutter. Und außerdem seine Ex-Frau Kim und seine Tochter Hailie. In unterschiedlichen Texten erfahren wir auf unterschiedliche Weise, wie sehr Marshall Mathers unter den Kränkungen des Armseins als junger Familienvater gelitten hat (»If I Had«), aber auch frühere Kränkungen spielen eine Rolle, wie die des kleinen Jungen, dessen Lebenswelt er unter anderem in »Cleanin' Out My Closet« beschreibt: Vom Vater früh verlassen, wächst dieser Junge als Sohn einer tablettenabhängigen, am Münchhausen-Syndrom erkrankten Mutter auf, die ihm einredet, selbst krank zu sein, obwohl er es nicht ist. Voller Wut auf diese Mutter erklärt das Ich aus dem Text, einfach nicht verstehen zu können, wie man als Mutter so versagen kann: die ständigen Ortswechsel, ihre Tablettenabhängigkeit, die Verletzungen, die sie ihm zugefügt hat. »See, what hurts me the most is you won't admit you was wrong/Bitch, do your song, keep tellin' yourself that you was a mom!« Jene Mutter hat Eminem, dessen Musik ohne deren Beleidigung im Grunde undenkbar ist, im echten Leben wegen ihrer Darstellung in seinen Texten verklagt, ein Vorgang, der natürlich von der Presse dokumentiert wurde. Tatsächlich ist Eminems Leben voll von vergleichbaren Vorgängen (Ärger mit Familienmitgliedern; Familienmitglieder, die, nachdem Eminem berühmt wurde, ihre Verwandtschaft zu ihm entdeckten und darüber im Fernsehen sprachen etc.), worauf Eminem dann in späteren Texten satirisch und mediensatirisch Bezug nimmt und uns, seine Hörerschaft, zu der »Eminem Show« willkommen heißt. Was nur folgerichtig ist, denn diese Show ist eine Art permanente öffentliche Veranstaltung, die an eine Doku-Soap erinnert und bei der die Kunstform (Rap) das Leben fortschreibt und umgekehrt. Eminem geht auf einem realen Parkplatz auf einen realen mutmaßlichen Geliebten seiner Frau Kim mit einer Pistole los, und alle berichten darüber, und Eminem schreibt dann genau darüber in »Cleanin' Out My Closet«. Die in der Mutmaßlicher-Geliebter-Pistolen-Geschichte eine entscheidende Rolle spielende Kim wiederum kennen wir nicht nur aus den Promi-Nachrichten als Eminems Jugendliebe und Ex-Frau, wir kennen sie auch aus der sich über zwei Alben erstreckenden Fortsetzungsgeschichte, bestehend aus »'97 Bonnie & Clyde« und »Kim«. Als hätte er es sich zum Ziel gemacht, die Logik sogenannter Familientragödien beziehungsweise von Femiziden abzubilden (was bestimmt nicht sein Ziel war), also die Mechanismen nachvollziehbar zu machen, die sich in eifersüchtigen Ehemännerköpfen vollziehen, wenn ihre Frauen sich ihrer Macht entziehen, beschreibt er darin, wie er (der Sprecher, Eminem, Slim Shady?), nachdem er das gemeinsame »Baby Girl« (Hailie) zu Bett gebracht hat, Kim aus Eifersucht damit droht, ihr etwas Schreckliches anzutun. Bemerkenswert ist dabei nicht nur die psychologische Genauigkeit, sondern auch die Offenheit, mit der er die beiden Zustände des durchdrehenden Ehemanns stimmlich wie inhaltlich wiedergibt. Dieser Ehemann brüllt seine Frau entweder auf soldatisch korrigierende

Weise an und gibt ihr Anweisungen (»Look at your husband now, I said look at him«, »We're going for a ride, bitch! Sit up front!«). Oder er heult und formuliert seine eigene Minderwertigkeit (»Kim? Kim! Why don't you like me?/You think I'm ugly, don't you?«). Jedenfalls gibt er eine erbärmliche Figur ab, eine Figur allerdings, die ihrer Frau körperlich überlegen ist und die diese Frau nur tot ertragen kann, weil dann sicher ist, dass sich ihr kein anderer Mann nähern kann (»I don't wanna go on/ Living in this world without you«). Kim wird also am Ende des Liedes von ihrem Mann umgebracht und im Kofferraum des eigenen Autos verstaut (zusammen mit ihrem Geliebten und dessen Sohn, aber das spielt hier keine Rolle). An diesen sehr performativen, über weite Strecken gebrüllten, theaterhaften Text schließt »'97 Bonnie & Clyde« an, friedlicher Sound, gefällige Melodie, gemäßigtes Rap-Tempo. Das Lied, das sowohl an 2Pacs »'96 Bonnie & Clyde« als auch an Bill Withers' »Just the Two of Us« angelehnt ist, stellt eine fiktive Ansprache des Vaters an die eigene Tochter dar, vorgetragen in einem sanften Ton, den Erwachsene annehmen, wenn sie mit Kindern sprechen. Und dieser

Vater erklärt seiner Tochter in kindgerechter Sprache, was sie gerade tun, nämlich den toten Körper der Mutter, die er in »Kim« umgebracht hat, entsorgen. Die Mutter ist zunächst im Kofferraum und wird dann, an irgendeinem Gewässer angekommen, hineingeschmissen, wobei der Tochter gesagt wird, dass ihre Mutter nur schlafe und sich auf dem Grund des Sees ausruhen könne. Die Partnerin in Crime des Protagonisten ist hier, wie in Bonnie-und-Clyde-Erzählungen eigentlich üblich, nicht die Geliebte, sondern die eigene Tochter, die in Eminems Texten tatsächlich die einzige positive weibliche Figur ist, und sie wird zur Komplizin am Mord der eigenen Mutter gemacht, womit sie im Eminem-Kosmos natürlich hundert Punkte erreicht. Gutes Mädchen, Eminems Mädchen. Was ich sagen will: Es handelt sich sowohl bei »'97 Bonnie & Clyde« als auch bei »Kim« um eine mit literarisch-performativen Mitteln gestaltete Fantasie, aber um keine zufällige.

Wie versprochen wird jedoch Eminems (und mein) Frauenproblem erst etwas weiter hinten behandelt werden, zunächst also zurück zu meiner Faszination, die der Grund dafür ist, dass ich versucht habe, die »Eminem Show« und ihre Funktionsweise hier zu skizzieren. Ich war fasziniert, weil Eminem die Familie als den Notfall-Ort beschrieb, als den ich ihn als Teenager empfand, ohne dabei den Geboten der Erwachsenen zu folgen (Anstand, Höflichkeit, Fassade). Weil er eine Sprache fand für die Schmerzen, die Wut und die Verletzungen, die innerhalb dieses Ortes entstehen konnten, weil er Katastrophen, vor denen ich mich fürchtete (Trennung, auseinandergerissene Familie), so drastisch beschrieb, dass ich ein bisschen weniger Angst vor ihnen hatte. Denn wenn ich Eminem hörte, hatte das Warten auf eine Katastrophe kurz ein Ende, war der Schrecken für ein paar Rap-Minuten gebannt, das heißt kontrolliert und also kontrollierbar.

Und selbstverständlich hatte meine Faszination auch diesen Oh-Gott-hat-er-das-gerade-wirklich-gesagt-Aspekt. Ein Aspekt, der gerade, also wenn immer wieder behauptet wird, dass man dies oder jenes nicht mehr sagen dürfe, wirklich Konjunktur hat (Journalisten, Parteien und sogenannte Komiker haben sich das zur Kernaufgabe gemacht). Dabei darf man natürlich alles sagen, man muss nur damit leben können, dass man dann bei bestimmten Leuten nicht mehr mit am Tisch sitzen darf. Bei Eminem saßen an diesem Tisch das liberale und das konservative Amerika, Feministinnen, Homosexuellenverbände, die Kirche und besorgte Eltern. Was mich, die als Teenager eine ganze Menge dafür tat, sich anzupassen, damals beeindruckte, war, dass es ihm egal zu sein schien, ob er mit am Tisch sitzen durfte, was natürlich auch auf das seit Pop-Generationen durchprobierte Moment der Infragestellung von Autoritäten durch Provokation hinausläuft. Und natürlich, diese Provokation wurde auch bei Eminem mitunter zum Selbstzweck (Hauptsache, shocking, ein Motiv, das Eminem beim Schreiben in verschiedenen Interviews angab), und ihre Halbwertszeit war natürlich von vorneherein begrenzt. Trotzdem transportierten diese Provokationstexte für mich einen Inhalt: Du kannst ein Loser (also ein gekränktes, ausgebuhtes Ich) sein und souverän werden, indem du darüber schreibst. Und: Andere (gemeint sind nicht berühmte Autor*innen) haben nicht nur zerstörte Familien, sie schreiben auch darüber. Die kompromisslose Offenheit, mit der Eminem nicht nur sich selbst, sondern auch seine Familie für seine Kunst – man kann es nicht anders sagen – benutzte, funktionierte (wie diverse literarische Texte auch) einerseits über das voyeuristische Autounfall-Prinzip. Aber darüber hinaus waren diese Familien-Ich-Texte eben nicht nur gut gemacht, man fühlte auch, dass Eminem sie hatte machen müssen. Und ich war beeindruckt davon, wie angreifbar und verletzlich er sich damit machte, nicht nur die Öffentlichkeit betreffend, sondern auch gegenüber seiner Familie. Und ich dachte, nein, ich wusste, dass man genau so sein musste, also ohne Angst vor Konsequenzen, wenn man schreiben wollte (und ich denke es immer noch: Lucia Berlin, Irmgard Keun, Elena Ferrante, Joan Didion, Sylvia Plath, Maxim Biller, Franz Kafka etc.). Ich denke aber auch, dass es fast unmöglich ist, das permanent durchzuziehen. Weil man seine Menschen liebt, weil man deswegen die Wut dieser Menschen über irgendwas, das man geschrieben hat, verstehen kann und antizipiert; selbst wenn man es nicht will, selbst wenn man es nicht bewusst tut, tut man es doch. Er habe, sagte Eminem einmal zum Thema Autofiktion, nur damit angefangen, so persönlich, so nah an seiner Biografie zu schreiben, weil er nie damit gerechnet habe, so erfolgreich zu werden. Er wisse nicht, ob er es noch mal genauso machen würde, aber er glaube, das sei ein wesentlicher Grund für seinen Erfolg.

Irgendwann, ich hatte schon ein paar Eminem-Seiten geschrieben, rief die Lektorin dieses Buches an. Wir besprachen dies und jenes und hatten schon fast aufgelegt, als sie mich, vorsichtig und fast nebenbei, daran erinnerte, dass dieses Eminem-Buch im besten Fall ein »persönliches« werden solle. Ich und Eminem, Eminem und ich. Natürlich, sagte ich, und wir legten auf, dabei wusste ich sofort, dass es dieser »persönliche Zugang« war, mit dem ich seit einiger Zeit im Streit lag und wegen dem ich Schreiben plötzlich schwer fand, oder zumindest schwerer als früher.

Früher: Alles konnte und musste geschrieben werden. Mit einem Ich in der Mitte. Denn was waren das für brave, scheinbescheidene, verlogene, feige Texte, die Neutralität oder Auktorialiät behaupteten, was waren das für vornehme Elaborate, die vornehm die Welt vermaßen, aus der sie vorgaben, sich herausstreichen zu können, obwohl sie, sie und ihre Perspektive, es doch waren, die sämtliche Fäden in der Hand hielten. Was war es für eine verkleisterte Frechheit, zu behaupten, man interessiere sich nicht für sich selbst, wenn es doch allein dieses Interesse war, das jene Verkleisterungstexte geschrieben hatte. Und das war an sich, wie ich immer fand, ein gutes Interesse, solange es nicht auf derart verlogene Weise verkleistert wurde in von Journalisten, Kritikern, Germanisten und Jury-Mitgliedern durchgeführten Verkleisterungsaktionen, bei denen man sich gegenseitig die hohen Ansprüche bewies. Dabei war mein Anspruch an Texte, die ich schreiben und lesen wollte, immer gewesen: ein Ich, das sich zu der Welt, in der es lebt, in Bezug setzt. Und so schrieb ich. Wer sollte mir was anhaben, wer sollte mich treffen. Erstens kannte mich keiner, und zweitens wusste ich doch selber am besten, dass das Ich aus meinen literarischen und literarisch-journalistischen Texten nur Abbild eines vorübergehenden Zustands war und damit eine temporäre Sprecherinnenposition, also eine Fiktion. Meine Familie, meine Freunde wussten das und alle, die bis drei zählen konnten, auch. Der Rest war egal. Der Rest war eine egale Wand aus Meinungen, auf der gelegentlich irgendeine mich betreffende Beleidigung stand, die ich, die soziale Medien nur sehr verhalten nutzte, schnell wieder vergaß.

Heute: Drei Dinge haben sich geändert, und sie sind der Grund dafür, dass ich Ich-Probleme habe, also es mir nicht mehr ohne Weiteres einfällt, »ich« zu schreiben.

1. Soziale Medien sind mir nicht mehr egal. Ich schätze sie wegen ihrer Informationsvielfalt und fürchte sie wegen ihrer Gnadenlosigkeit.

2. Meiner Familie ist nicht mehr egal, was ich schreibe.

3. Seit meine Bücher verlegt und meine Texte in Zeitungen gedruckt werden, sagen mir Zeitungsvorgesetzte, dass ich nicht so viel »ich« schreiben solle, wird das mit dem Generalvorwurf der Banalität in Verbindung gebracht; schreiben Rezensent*innen meiner Bücher regelmäßig, dass meine Texte, beziehungsweise ich, narzisstisch seien (wobei ich bis heute noch nicht verstanden habe, worin genau die Kritik besteht und wer oder was hier eigentlich kritisiert wird. Der Text, den ich geschrieben habe?

Das Ich aus dem Text? Ich, Antonia Baum?). Was mit dem Narzisstische-Banalitäten-Vorwurf aufgerufen wird, ist eine alte Geschichte, die unter dem abwertenden Sammelbegriff »Frauenliteratur« subsumiert wurde, der zwar nicht mehr ohne Anführungszeichen verwendet wird, dessen Implikationen aber gerade wieder aktuell sind: schreibende (meist junge) Frau, die »ich« schreibt und also natürlich über sich schreibt (diese Egoistin!), nämlich lauter Banales, nicht ganz so Anspruchsvolles. Das hört sich in seiner Schlichtheit vulgär an und ist es auch, aber ich habe es mir nicht ausgedacht. Diese »junge Frau« jedenfalls schreibt gegenwärtig und aus gegebenem Anlass oft über sogenannte Frauenthemen, also dem Feminismus zugeordnete Themen, und sie tut das naturgemäß nicht selten entlang des Frauenkörpers, weil feministische Themen dort oft ihren Ursprung haben. Damit betritt nicht nur sofort der gute, alte Voyeurismus das Spielfeld (»ihre Bücher werden nur gelesen, weil sie aussieht, wie sie aussieht, und über sich schreibt«), damit ist bis auf Weiteres auch geklärt, welche kulturelle Wertschätzung diesem Schreiben zuteilwird, und zwar wenn man sich klarmacht, welches gesellschaftliche Ansehen sogenannte Frauenthemen und Frauen überhaupt haben.

Du kannst dich auf den Kopf stellen, du bist niemals einfach eine Person, deren Beruf das Schreiben ist, du bist immer eine schreibende Frau. Erst kommt der Kanon, kommt die jahrhundertealte Tradition, also wirklich viele, hochanerkannte Männer, und dann irgendwann kommst du mit deinem spärlich bekleideten Ich. Und du glaubst wirklich, du hast uns etwas zu sagen, du glaubst wirklich, wir lassen dich hier oben rein? Zieh dir erst mal was an.

Das war der Geist, den ich traf, als mein erstes Buch veröffentlicht wurde, ein Geist, der bis heute in meinem Kopf herumläuft und wegen dem ich zögere, »ich« zu schreiben (auch wenn ich es schließlich doch tue). Aber ich gucke dieses Ich manchmal an, wie Marcel Reich-Ranicki Nicki Minaj rezensieren würde. Natürlich weiß ich, dass vor allem Marcel Reich-Ranicki ein Problem hat und nicht ich, aber das verwechselt man leicht. Man richtet sich nicht gegen die, die Zurechtweisung und Demütigung formuliert haben, man beginnt die Gründe für diese Demütigung zu akzeptieren als etwas, das zu einem gehört und schlecht ist. Und die einzige Antwort darauf ist, beim Schreiben nicht mit am Tisch sitzen zu wollen.

Auch Eminem wurde das ein oder andere Mal Narzissmus bescheinigt, aber vor allem fanden Feuilleton-Journalist*innen (überwiegend weiße Männer, tatsächlich) ziemlich bald, nachdem Eminem die Bühne betreten und Amerika sein Entsetzen formuliert hatte, heraus, dass dieser Eminem ein Genie sei. Die Grundvoraussetzung dafür war selbstverständlich, dass einige seiner Texte schlicht genial gemacht waren. Wichtig für die Eminem-Genie-Deklaration war aber vermutlich auch, dass Eminem weiß war, nämlich der erste ernst zu nehmende weiße Rapper überhaupt, und dass seine Exegeten in einer Tradition standen, die weißen Männern seit Jahrhunderten attestierten, dass sie Genies seien, und die insofern mit Eminem vielleicht einfach so verfuhren, wie sie eben zu verfahren gewohnt waren. Die Lücke, die Eminem besetzt hatte, um innerhalb der schwarzen Rap-Kultur existieren zu können, war die Beschreibung seiner White-Trash-Loser-Existenz, die für seine Kritiker*innen vermutlich nicht nur anschlussfähiger war, sondern ihm auch komplexere Gestaltungsmöglichkeiten seiner Text-Charaktere erlaubte (die er, das ist sein Verdienst, eben auch ausgeführt hatte). Denn Eminem gehörte keiner diffus unter dem Label Rapper/schwarz zusammengefassten Gruppe an, die für die Beschreibung ihrer als gruppenspezifisch gedachten Probleme zuständig war.* Eminem betrat als Individuum die Bühne, dem (zumindest teilweise) die Rechte des Künstlers zuerkannt wurden, und das heißt auch: Was er machte, wurde zur Kenntnis genommen, wurde besprochen, analysiert und mitunter in den Genie-Himmel gehoben.** Ein weiterer Grund für die Feuilleton-Liebe zu Eminem war sicher auch, dass man sich originell fand, indem man Rap und alles, was damit üblicherweise assoziiert wurde (Gewalt, Sex, Straße, krass), in High-brow-Zusammenhängen auf high-brow-hafte Weise betrachtete, viel-

* Vergleiche dazu: »Eminem 2.0: The Redemptive Subjectivity of Whiteness« von Julius Bailey und David J. Leonard in: »Eminem and Rap, Poetry, Race«, Scott F. Parker (Hg.), 2014.

** Auch wenn jener Mechanismus benannt wird, macht dieses Buch natürlich genau das ebenfalls.

leicht nicht zuletzt weil sich damit die Möglichkeit bot, endlich einmal über das zu schreiben, was die Menschen *wirklich* interessierte, also Themen, über die zeitgenössische High-brow-Schriftsteller*innen in der Regel eher selten schreiben, wenn sie ihre Creative-Writing-Seminare beendet haben. Das, was hingegen der depravierte Eminem (natürlich enthielt jeder Artikel diesen Hinweis) schrieb und rappte, versetzte seine Kritiker*innen in regelrechte Verzückung (intelligent, reflektiert, selbstironisch, verspielt, genial, poetisch), Misogynie und Homofeindlichkeit wurden mit einem Gruß an die Trennung von Werk und Autor erledigt, und vollends glücklich waren die Eminem-Verteidigungs-Beauftragten, wenn sie ihn dann tatsächlich mal trafen und feststellten, wie höflich und schüchtern er war. Damit vollzog sich ein Mechanismus, der im Verhältnis von Kritiker*innen und Rap-Interpreten*innen immer wieder zu beobachten ist: Der oder die Kritiker*in wird durch seine oder ihre Offenheit gegenüber der Musik von Menschen, die von unten kommen, als liberal, demokratisch, redlich etc. nobilitiert. Kollidiert der Inhalt der Musik mit den moralischen Vorstellungen des Milieus, aus dem und für das der/die Kritiker*in schreibt, wird dieser Inhalt – meist implizit – mit dem sympathischen Underdog-Status des Rappers nicht erklärt, sondern im Sinne von tja-so-sind-sie-halt gerechtfertigt (was unter anderem daran deutlich wird, dass sich in der Rezeption eben selten gefragt wird, woher sie denn kommt, diese Homofeindlichkeit, Misogynie etc.). An dieser Stelle macht es Sinn, sich einmal kurz klarzumachen, was der Unterschied ist zwischen rechtfertigen beziehungsweise legitimieren und erklären: Wenn ich etwas legitimiere, dann sage ich, es ist okay, dass es so ist, wie es ist. Will ich etwas erklären, bin ich daran interessiert, warum etwas ist, wie es ist. Davon aber wollen Rap-Kritiker*innen eben überhaupt nichts wissen, wenn sie ihre Rap-Kritiker*innen-Liebe nach der So-sind-sie-halt-Feststellung in einem weiteren Schritt mit dem Hinweis auf die Trennung von Werk und Autor legitimieren. Für die Rapper von unten, so die Idee, sollen doch schließlich die gleichen Regeln gelten wie für anerkannte High-brow-Künstler*innen. Gleiche Chancen für alle, auch im Feuilleton, aber was in dieser Rechnung eben fehlt, ist die Feststellung, dass jemand wie Eminem nie gleiche Chancen hatte, das aber die Bedingungen sind, unter denen seine Kunst entstanden ist. Kurz: Die Prämissen der Kunstbetrachtung passen nicht mit der Kunst, die betrachtet wird, zusammen. Sie sind falsch, wenn sie vor allem dazu da sind, den oder die Kritiker*in im moralischen Sinn heil davonkommen zu lassen (weil das falsch ist), was abgesehen davon aber auch niemals funktionieren wird, wenn die Voraussetzungen, unter denen diese Kunst entstanden ist, nicht miteinbezogen werden (und dort die eigentliche Falschheit liegt). Die falsche Erzählung dazu geht so: begabter, sympathischer Underdog-Rapper, der entschuldigt ist, weil er extrem viel Pech gehabt hat im Leben, der aber, wenn man ihm dann mal in echt begegnet, total schüchtern und höflich ist. Also: Ein sozial-romantisches Hurra, er ist doch einer von uns! Das heißt, er wäre einer von uns, wenn er nur anders groß geworden wäre.

Eminem wurde also eingemeindet, er wurde beschrieben als literarisches Genie, als meisterhafter Geschichtenerzähler, als großer Poet, der traditionsgemäß in die Tradition anderer großer weißer Poeten gestellt wurde. Er wurde mit T.S.Eliot, Robert Browning und Mark Twain verglichen, sein Einfluss auf zeitgenössische junge Schriftsteller*innen wurde ähnlich hoch eingeschätzt wie der von Dave Eggers oder David Foster Wallace, und der Literaturnobelpreisträger Seamus Heaney schrieb über Eminem, dass er »uns« durch seine poetische Energie und seine subversive Haltung ein Gefühl dafür gebe, was möglich sei.

Auf die vor ein paar Seiten beschriebene Eminem-Verachtung folgten in einem nächsten Schritt beinahe grenzenlose Liebeserklärungen, folgte die große Eminem-Verehrung, an der ein Lied einen großen Anteil hat, nämlich »Stan«, das in diesem Jahr zwanzig Jahre alt wird und in dem Eminem seine Sichtweise auf das Verhältnis von Kunst, Künstler*innen und sogenannter Wirklichkeit erzählerisch verdichtet.

6.

Ich habe kein Lied so oft gehört wie »Stan«. Ich habe es gehört, bevor ich verstand, worum es darin ging, weil ich es so schön fand (das Dido-Sample, ihre feine, etwas verloren wirkende Stimme, die der Wut aus den Rap-Parts die Traurigkeit hinzufügte, die dieser Wut zugrunde lag). Als ich dann verstanden hatte, worum es in dem Lied ging, konnte ich nicht aufhören, es zu hören, wegen der Intensität, mit der es eine Geschichte erzählte; weil ich dachte, dass man genau so erzählen müsse. So klar und komplex zugleich, ohne Erklärungen, scheinbar mühelos. Irgendwann kannte ich »Stan« auswendig. Es gilt als Klassiker (im »Rolling-Stone«-Ranking der 500 besten Songs aller Zeiten belegt »Stan« Platz 296) und ist ein Klassiker, nämlich eine Short Story in Versform, zeitlos, auf geniale Weise vorgetragen, und das heißt hier im eigentlichen Sinne: performt (erst ruhiger, fast zärtlicher Erzählton, dann weinen, flehen, schreien). Ein Theaterstück zum Hören, ein Hörspiel und eben: ein ziemlich guter Text.

Dieser Text zerfällt in vier Strophen, die ersten drei geben die Sichtweise eines Eminem-besessenen Fans wieder, nämlich die von Stan, die letzte Strophe nimmt die Perspektive Eminems ein. Stan wendet sich in Briefform an Eminem (die Musik ist von dem Geräusch eines schreibenden Stifts unterlegt), der tatsächlich existierende Rapper Eminem trägt diese Briefe in der Rolle des fiktiven Fans Stan vor: »Dear Slim«. Das sind seine ersten Worte, und damit ist gleich zu Beginn das Missverständnis eingeführt, das diese Tragödie motiviert, nämlich dass ein Fan von Eminem die für Psychopathologien zuständige Kunstfigur Slim Shady mit ihrem Schöpfer gleichsetzt, und es ist genau diese Gleichsetzung, die Eminem-Kritiker*innen regelmäßig vollzogen, um den Nachweis anzutreten, dass Eminem moralisch inakzeptabel sei, was wiederum er ihnen dann als unzulässiges Vorgehen vorwarf.

Obwohl er, so schreibt der Slim-Shady-besessene Stan weiter, Eminem schon mehrfach geschrieben habe und in seinen Briefen sämtliche Kontaktdaten (Cell, Pager, Home Phone) aufgelistet habe, habe der sich noch immer nicht bei ihm gemeldet. Stan beeilt sich, diesen Vorwurf durch einen kumpelhaften Ton zu beseitigen, und erkundigt sich nach dem Wohl von Eminems Tochter. Denn auch er, Stan, werde bald Vater, und wenn es ein Mädchen würde, »Guess what I'ma call her?/I'ma name her Bonnie«. Spätestens hier wissen wir mit Sicherheit, dass Stan eine Schraube locker hat, wenn er seine Tochter nach dem Titel jenes Liedes von Eminem benennen will, in dem ein Mann die Mutter seiner Tochter umbringt und die Tochter dabei zu seiner Komplizin macht.* Und es wird nicht besser, wenn Stan mit jeder Zeile die Intensität seines Fantums beschreibt: Er kennt selbst die entlegensten Eminem-Kollaborationen; er weiß, dass Eminems Onkel Ronnie sich umgebracht hat, angeblich wegen einer unglücklichen Liebe, und das wie-

* »'97 Bonnie & Clyde«.

derum veranlasst Stan dazu, Eminem – also Slim, wie er schreibt – mitzuteilen, dass auch er jemanden kenne, der sich umgebracht habe, »over some bitch who didn't want him«. Alles, was Eminem Stan schreiben lässt, ist durch den Versuch motiviert, jene Bindung herzustellen, von deren Existenz und Einmaligkeit Stan überzeugt ist, auch wenn Eminem sie bisher noch nicht bestätigt hat. Er solle sich doch also melden, beendet Stan den ersten Brief, »just to chat«. Hier setzt der gesampelte Dido-Refrain ein: Das Ich aus dem bis dahin völlig unbekannten Liebeslied »Thank you« befindet sich in einer grauen Alltagssituation und kann diese nur aushalten, indem es »your picture on my wall« anguckt, weil dieses Bild es daran erinnere, dass sein Leben doch nicht so schlimm sei wie gedacht. Eine ganz normale romantische Situation zwischen zwei Liebenden also, die, in den Stan-Kontext übersetzt, zwar ebenfalls von Romantik und Liebe erzählt, allerdings in einem völlig anderen Sinn. Es geht um Wahn und Projektionen, um Realitätsverlust, wobei man die Sample-Auswahl auch interpretieren kann als Hinweis darauf, wie eng verwandt Liebe und Obsession sein können, und vor allem, dass ihnen das gleiche Menschenbedürfnis zugrunde liegt: ein Gegenüber, eine Fläche (»a picture«), auf und vor deren Hintergrund man sich entwerfen kann, um zu wissen, dass man da ist und: wer man ist. Stan entwirft sich selbst zunächst anhand der Übereinstimmungen, die er zwischen sich und Slim feststellen kann, aber aus dieser bedingungslosen Hingabe erwachsen für ihn auch Ansprüche.

Den zweiten Brief beginnt Stan ebenfalls mit der höflichen Anrede »Dear Slim«, kippt aber sowohl stimmlich als auch inhaltlich sofort in einen aggressiveren Ton: Noch immer habe Stan keine Antwort bekommen, er sei »fucked up«, dass Eminem so mit Fans umspringe. Stan betont, dass er nicht sauer sei, stattdessen erwähnt er wütend seinen sechs Jahre alten Bruder Matthew, mit dem er bei einem Konzert vier Stunden in der Kälte gewartet habe, nur um Eminem zu sehen, der, als es dann endlich so weit war, auch noch ein Autogramm verweigert habe. Matthew, so Stan, sei im Übrigen ein noch größerer Fan als er, und Matthew (nicht er) wolle sein wie Slim. Matthews Kurzauftritt an dieser Stelle kann man einerseits verstehen als moralischen Hinweis im Sinne des, wie wir gesehen haben, sehr moralischen Eminems, der in Rap-Texten und Interviews deutlich gemacht hat, dass er keine Musik für Kinder, sondern für Erwachsene mache. Matthew fungiert außerdem auch als Stellvertreter für Stans Enttäuschung, die dieser – zu Beginn der Strophe noch stark um Souveränität bemüht – offenbar nicht formulieren kann, weil er sich damit verletzlich, schwach, also unmännlich zeigen würde (all das, was in Eminems Welt durch die Vokabel »gay« bezeichnet wird). Die Zerrissenheit, die Unkenntnis des eigenen Zustands und die völlige Fehleinschätzung des Verhältnisses zwischen dem Fan und seinem Star werden auch deutlich, wenn Stan wiederholt betont, dass er nicht sauer sei, dabei aber immer weitere Vorwürfe formuliert. Und obwohl Stans Vorwürfe eine Nähe voraussetzen, die nicht da ist, kann man jene Nähe als Fan natürlich trotzdem sehr gut realistisch finden, wenn man das Gefühl hat, da drücke ein Mensch in seinen Liedern all die Nöte aus, mit denen man es zu tun hat, noch dazu wenn das Leben dieses Menschen in den Medien als eine Art Allgemeingut studierbar ist und man selbst mit sich völlig alleine ist. Denn Stan hat sonst nichts (»Cause I don't really got shit else/So that shit helps when I'm depressed«). Keiner verstehe ihn so gut wie Eminem, und daraus folgt für Stan im Umkehrschluss, dass niemand Eminem so gut verstehe wie er (denke ich von mir übrigens auch). Auch er, Stan, habe seinen Vater nie gekannt, auch er habe einen Vater, der seine Mutter betrogen und geschlagen habe. Auch er komme aus ähnlich katastrophalen Verhältnissen, und auch er verletze sich manchmal selbst, so wie es Slim Shady in seinen Texten erklärt zu tun, den er respektiere, weil alles, was er sage, »real« sei. »Real« meint hier nicht nur das Hip-Hop-Wort im Sinne von echt, authentisch, mit »real« ist hier auch Wortwörtlichkeit gemeint, und die war Eminem im Bezug auf seine Texte immer bemüht, weit von sich zu weisen. Nicht nur in seinen Texten (»If my music is literal/And I'm a criminal, how the fuck can I raise a little girl«*), auch in Interviews bezeich-

* »Sing for the Moment«, 2003.

nete er jene Texte als Rollenprosa, die doch als solche identifizierbar sei, und fragte, warum man seiner Musik nicht mit der gleichen Rezeptionshaltung begegnen könne wie etwa Filmen (er hat, neben Wörterbüchern, nie viel gelesen). Wer allerdings diese von Eminem geforderte Abstraktionsleistung überhaupt nicht auf die Reihe kriegt, ist die von ihm erschaffene Figur Stan, der sich am Ende der zweiten Strophe wünscht, dass er und Eminem zusammenkommen (»We should be together too«). Dass der Autor Eminem Stan diesen Satz sagen lässt, ist insofern erwähnenswert, als Eminem dafür bekannt ist, in seinen Texten regelmäßig homosexuelle Männer zu beleidigen. Bemerkenswert ist hier, dass Stan von seinem Autor zwar als isolierter, verlorener und besessener Fan gezeichnet wird, dies aber mit einem hohen psychologischen Einfühlungsvermögen passiert, welches, zusammen mit der Perspektivierung (erste Person Singular), eher auf Identifikation denn auf Bloßstellen oder Abwertung ausgelegt ist. Damit ist nichts über Eminems Haltung gegenüber homosexuellen Menschen gesagt, was daran aber deutlich wird, ist eine Liebe zu der

Geschichte, die hier erzählt werden soll. Diese Geschichte steht im Vordergrund, und Eminem stellt sich gewissermaßen in den Dienst ihrer Erfordernisse, und dazu gehört, Stan nicht lächerlich zu machen: Erzählt und nachvollziehbar gemacht wird Stans Obsession für Eminem.

Diese Obsession endet in einer Katastrophe, auf die Stan in der dritten Strophe zurast, und zwar im eigentlichen Sinne: Wir hören Stan, der, im Auto sitzend, eine Kassette bespricht, die für Eminem bestimmt ist. Natürlich erzeugt die Entscheidung des Autors für diese Kassetten-Lösung hier eine größere Nähe der Hörer*innen zum Geschehen, das heißt, wann immer man »Stan« anmacht, erlebt man mit ihm die letzten Minuten seines Lebens, es gibt also keinen zeitlichen Aufschub, den ein Abschiedsbrief mit sich gebracht hätte. Wir hören Stan, der sich wütend von »Slim« verabschiedet, welcher anscheinend denke, dass er, Stan, seine Aufmerksamkeit nicht verdient habe. Stan zitiert aus »My Name Is« von Eminem, in dem dieser als Slim Shady rappt: »I just drank a fifth of vodka, dare me to drive?« Und genau das ist, was Stan in diesem Augenblick erklärt zu tun. Betrunken und auf Tabletten Auto fahren, auf den Tod zu, den sein Superstar Eminem hätte verhindern können, wenn er Stan nur »a lousy letter or a call« hätte zuteilwerden lassen, wie Stan fast weinend schreit. Eminem hätte ihn vorm Ertrinken retten können, aber jetzt sei es, wie sich das für eine echte Tragödie gehört, tja, leider zu spät. Sämtliche Eminem-Star-Fotos von der Wand runtergerissen, die Liebe ist kaputt, und alles, was Stan Eminem zu wünschen übrig bleibt, ist, dass er nie mehr schlafen kann. Das Kopieren von Slim-Shady-Verhaltensweisen wird auf drastische Weise weiter zugespitzt, als wir erfahren, dass Stans schwangere Freundin im Kofferraum des fahrenden Autos liegt, so wie Kim aus Eminems gleichnamigem Lied: »But I didn't slit her throat, I just tied her up – See? I ain't like you/'Cause if she suffocates she'll suffer more and then she'll die too.« Stan erklärt also, dass er seiner Freundin, anders als sein Vorbild, nicht die Kehle durchgeschnitten, sondern sie gefesselt habe, und sieht in diesem Unterschied den Beweis dafür, dass er nicht sei wie Slim. Slim, den er wie kein anderer bewundert hat, ja, zu dem er selbst geworden ist und der ihn nun verlassen hat. Stan bleibt also – in Stans Logik – gar nichts anderes übrig, als sich von Slim zu distanzieren, um das, was von seinem Selbst noch übrig ist, zu stabilisieren, und zwar mit dem Hinweis auf unterschiedliche, an Frauen vollzogene Tötungspraktiken. Inzwischen ist Stan an der Brücke angekommen, deren Brüstung er mit dem Auto durchbrechen will, um seine schwangere Freundin und sich selbst umzubringen, und es ist diese Stelle, die »Stan«, neben anderen Referenzen zu Eminem-Texten, zu einer Art Kondensat seines bisherigen Schaffens als Rapper werden lässt: Bitte schön, hier die Quittung für Homofeindlichkeit, Misogynie und Rollenprosa, die seine Fans nicht als solche verstehen. Ein durchgedrehter Stan*, der im Begriff ist, seine schwangere Freundin umzubringen. Kurz vor seinem Tod fällt Stan noch ein, dass er nicht bedacht hat, wie er Eminem die besprochene Kassette zukom-

* »Stan« ist nicht nur die Kurzform von »Stanley«, sondern steht dank Eminems Lied auch im Oxford English Dictionary: »An overzealous or obsessive fan, esp. of a particular celebrity.«

men lassen soll, aber Stan hat keine Zeit mehr. Wir hören, wie das Auto ins Wasser fällt, und wissen, dass es vorbei ist.

Aber das Lied ist nicht vorbei, denn in der vierten Strophe ist Eminem als Eminem dran, der Stan einen Antwortbrief schreibt. Als er damit beginnt, weiß er nicht, dass sein Fan sich umgebracht hat, ihm liegen bisher nur die ersten zwei Briefe (Strophe eins und zwei) vor. Der Brief ist, der Nicht-Beziehung zwischen Eminem und seinem Fan entsprechend, eher distanziert und etwas holprig: Eminem entschuldigt sich dafür, dass er erst jetzt antworte, er erkundigt sich, wie weit fortgeschritten die Schwangerschaft von Stans Freundin sei, und erwähnt, dass er eine mit einem Autogramm versehene Starter-Cap für Stans Bruder Matthew beilege. Er geht dann auf Stans Aussage ein, dass dieser sich selbst verletze und betont, dass der seine Texte nicht wortwörtlich verstehen dürfe: »I say that shit just clownin', dawg, come on, how fucked up is you?« Stan habe offenbar »issues« und brauche psychologische Hilfe, er müsse seine Freundin besser behandeln, solle sich entspannen, alles würde okay werden, blablabla. Der

Autor Eminem lässt den sonst so wortgewandten Eminem uninspiriert wirkende Allgemeinplätze sagen, die in ihrer Hilflosigkeit an das erinnern, worauf Eminem-Kritiker unter dem Eindruck von dessen Musik bestanden (das Leben ist schön, America is great), woraus auch folgt, dass der Eminem, der in »Stan« spricht, nicht der Eminem ist, der diesen Text geschrieben hat. Der Eminem, der in »Stan« spricht, übernimmt den Part der »Erwachsenen« und fragt ratlos, was Stan nur so wütend mache, was insofern ein bemerkenswerter Twist ist, als es doch Eminem war, der zum Zeitpunkt des Erscheinens von »Stan« dafür zuständig war, die Wut eines weißen Losers aus schwierigen Verhältnissen zu formulieren und dafür totales Unverständnis zu ernten. In der Rolle des sorgenvollen Vernünftigen rechtfertigt Eminem seine Ermahnungen damit, dass er nicht wolle, dass Stan irgendwelche verrückten Sachen anstelle. Und schreibt dann von einem Ereignis, das er in den Fernsehnachrichten gesehen habe: Ein betrunkener Typ fuhr mit seinem Auto über eine Brücke, und im Kofferraum lag seine schwangere Freundin. Das Eminem-Ich aus »Stan« überlegt schreibend, wie dessen Name gewesen sei, bis ihm einfällt, wie er hieß: Stan. »And in the car they found a tape, but they didn't say who it was to/ Come to think about it, his name was – it was you, damn ...«

Das Eminem-Ich aus dem Text bekommt also mit dem Tod Stans und dessen schwangerer Freundin eine ziemlich fürchterliche Quittung für sein Schaffen ausgestellt, gleichzeitig wird aber der hier handelnde Protagonist als dermaßen neben der Spur beschrieben, dass man den Text lesen könnte als Freispruch, den sich Eminem gewissermaßen selbst ausstellt. Das allerdings ist nur eine mögliche Lesart, die natürlich die alte Frage aufwirft, was zuerst da war, der Dachschaden als Abbild von Gesellschaft oder die Kunst, die den Dachschaden als Abbild von Gesellschaft sublimiert, woraus regelmäßig folgende Fragen abgeleitet werden:

Was darf Kunst, ab wann sprechen wir von Kunst, haben Künstler*innen Verantwortung, und wenn ja, welche? Oder ist es nicht eher so, dass eine Gesellschaft immer die Künstler*innen bekommt, die sie verdient?

Die Qualität von »Stan« liegt darin, dass es diese Fragen erfahrbar macht, ohne zu einem Ergebnis zu kommen.

7.

Eminem-Texte haben seit jeher ihre Spannung auch daraus bezogen, dass sie entlang der eigenen Biografie geschrieben waren, und zwar erklärtermaßen. Genauso blödsinnig wie das infrage zu stellen ist es, Eminem im überlegenen Gestus des Kunsterkennungsbeauftragten die Fähigkeit abzusprechen, mit literarischen Figuren zu arbeiten, denn das tut er zweifelsohne, wie bis zu diesem Punkt hoffentlich gezeigt werden konnte.

Wie bereits erwähnt, kam man auch Eminem betreffend immer mal wieder auf die Idee, Autor und Werk zu trennen, was, wie eigentlich immer, vollkommener Blödsinn ist. Denn wenn man etwas, das durch Begriffe (Werk und Autor) eigentlich getrennt ist, noch mal unbedingt trennen muss, scheint man ja eigentlich davon auszugehen, dass man es ursprünglich mit einer Einheit zu tun hat. Eine Einheit jedoch, die dann nicht mehr tragbar zu sein scheint, wenn festgestellt wird, dass an Werk oder Autor Schuld klebt. In diesem Moment muss die Trennung her, die es ermöglicht, den Status quo aufrechtzuerhalten, also den Autor zu entschuldigen, um ihn weiterhin ungestört verehren zu können. Vollzogen wird diese Praxis häufig von arrivierten, tendenziell älteren Kulturmenschen aus einem bildungsbürgerlichen Milieu, dem Feminismus und sogenannte Identitätspolitik eher auf die Nerven gehen und das sich, einer sehr bürgerlichen Tradition folgend, seine Künstler*innen leistet. Sie sind für den Grenzübertritt zuständig, damit es andere nicht tun müssen. Dabei schaffen sie hoffentlich geniale Sachen, für die man sie anbeten kann, wobei dieses Anbeten als Beweis eines verfeinerten Kunstverständnisses und die eigene Unspießigkeit gilt, und das ist die Funktion von Künstler*innen, das ist die öffentliche Ordnung, die konserviert werden soll.

Getragen von einem jüngeren, linkeren (feministischen, antirassistischen, im weitesten Sinne dem Selbstverständnis nach progressiven) Milieu, steht dem gegenüber die Forderung, die Trennung von Werk und Autor aufzuheben, und an dieser Stelle sollte man sich einmal kurz klarmachen, welche Funktion der Wunsch nach einer Einheit von Werk und Autor eigentlich hat. Die eine Sache ist, dass Kunst Sinn stiften soll, sie soll einen Zweck haben, und zwar einen höheren, der außerhalb der Kunst liegt. Gott, Liebe, Sozialismus oder das Ideal eines harmonischen Zusammenlebens im sogenannten Spätkapitalismus. Ausgehend von dieser Prämisse (Kunst hat einen Zweck: Sinnstiftung, und zwar in einem ganz bestimmten Sinn), trägt dieser Künstler dann – zweiter Schritt – natürlich Verantwortung und hat insofern eine Vorbildfunktion. Einem Vorbild eifert man nach, ein Vorbild sagt einem, was zu tun ist, einem Vorbild glaubt man, was es sagt, und das ist insgesamt ein Vorgang, den man auch als dumm bezeichnen könnte. Das aber wird nicht in Betracht gezogen, es geht erst mal nur darum, sicherzustellen, dass der/die Künstler*in sich für die richtige Sache einsetzt. Steht der oder die Künstler*in nicht für die richtige Sache, liegen seinem* Leben und Schaffen nicht die richtigen Überzeugungen zugrunde, wird vor allem kritisiert, dass das Werk eines solchen Künstlers von öffentlicher Seite goutiert wird (von Verlagen, Feuilletons, Jurys etc.). Und dieses Goutieren von institutioneller, mächtiger Seite scheint tatsächlich der eigentliche Streitpunkt zu sein. Das heißt, es geht hier nicht so richtig um Kunst, es geht vor allem um zwei Lager, die sich bekämpfen (jung vs. alt, *woke Twitter-People vs. alte weiße Männer,* online vs. print). Das heißt außerdem, dass beide Fraktionen im Grunde das Ziel der störungsfreien Anbetung ihrer Künstler*innen für ihre Zwecke verfolgen, nur eben unter anderen Prämissen. Das, was als böse und moralisch inakzeptabel gilt, soll in jedem Fall weggesperrt werden: bei den älteren Herrschaften in den Künstlerkopf, bei den Jüngeren raus aus der Gesellschaft. Mit diesen Überlegungen ist die Frage nach dem Verhältnis von Werk und Autor nicht beantwortet, und ich kann sie auch nicht beantworten. Ich glaube,

* Oder *ihrem* Leben. Meistens stehen im Mittelpunkt solcher Autor/Werk-Debatten aber Männer.

sie interessiert im literaturwissenschaftlichen oder kunsttheoretischen Sinne auch niemanden so richtig. Der sicher aufrichtig empfundene Wunsch nach einer störungsfreien Anbetung von Künstler*innen ist nur ein Katalysator für das Sprechen über ganz andere Dinge, nämlich darüber, was als gesellschaftlich akzeptiert gilt. Und bei diesem Vorgang handelt es sich um eine alte Geschichte, die natürlich dann Konjunktur hat, wenn – wie jetzt gerade – die politischen Differenzen, über die hinweg sich Menschen auseinandersetzen, besonders groß sind.

All das ändert aber nichts daran, dass Eminems Texte betreffend aus Gründen der Bequemlichkeit regelmäßig falsch abgebogen wurde, wenn gesagt wurde, das mit der Misogynie und der Homofeindlichkeit sei halt Kunst und habe mit dem Autor nichts zu tun. Nicht weil die Frage relevant wäre, sondern weil damit tatsächlich das Denken aufhört.

Denn ganz egal, ob Kunst oder Autor oder nicht, es ist selbstverständlich Ausdruck allerhärtester Misogynie, dass Frauen in Eminems literarischen Rollenprosa-Texten ihren Auftritt häufig als unfähige Mütter haben, die ihrer gesellschaftlichen Funktion nicht nachkommen, oder eben als Unglück bringende, untreue Schlampen, die vergewaltigt/umgebracht werden. Oder fickbare Schlampen, die gefickt werden müssen, oder einfach nur Schlampen. Neben beiläufigen Abwertungen, die sich durch den gesamten Eminem-Textkorpus ziehen, werden Frauen immer wieder als die Verantwortlichen für die Verkommenheit und den Niedergang ihres Protagonisten (Eminem, Slim Shady, Marshall Mathers) dargestellt, während Männer als Vaterfiguren vergleichsweise glimpflich davonkommen, das heißt, Eminem arbeitet sich an ihnen lange nicht so intensiv ab. Der Mann, der vor 48 Jahren der Vater von Marshall Mathers Jr. wurde und die Familie kurze Zeit später verließ, jedenfalls ist in Eminems Text-Personal eher eine Nebenfigur, deren schlechte Performance mit der Bezeichnung »Faggot-Father« zusammengefasst wird. Dagegen nehmen die unheilvollen Frauen eine weit prominentere Rolle ein, sie müssen, um mit dem Kulturtheoretiker Klaus Theweleit zu sprechen, zerstört werden, um die Stabilität der Ich-Varianten aus Eminems Texten wiederherzustellen. Aus ihrer Erniedrigung generieren Eminems Ich-Varianten Macht. Eine weitere Ressource zur Herstellung von Ich-Stabilität ist Eminems Tochter Hailie, sein Fleisch und Blut also, die in seinen Texten tatsächlich die einzige positive weibliche Figur ist. Sie ist »sein Samen«*, seine Frucht, sauber und unschuldig – und natürlich kriegt man da sofort biologische Abstammungsfantasien, was noch interessanter wird, wenn man sich daran erinnert, dass Eminem ja auch mal eine »Frucht« war, deren Gedeihen nach seiner Lesart im Wesentlichen durch seine Mutter bedroht wurde. Der Versuch wiederum, den schlechten Bedingungen des eigenen Aufwachsens durch die Gründung einer Familie zu entkommen, wird in Eminems Texten dann erneut von einer Frau torpediert, nämlich von Kim. Und so könnte man, zugespitzt, schlussfolgern, dass es bei Eminem die Frauen sind, die einen Mann (sein soziales Milieu, seine Leute, sein, oh Gott, Volk) am Großwerden hindern, wobei es sich natürlich um eine sehr alte, sehr misogyne Geschichte handelt, von der man gerade wieder häufiger hört, zuletzt

* Siehe: »Lose Yourself«: »Tryna feed and water my seed«.

nach den antisemitischen beziehungsweise rassistischen Anschlägen in Halle und Hanau. Es mag zunächst weit hergeholt klingen, aber tatsächlich enthalten Eminem-Texte einige Motive, die auch die Attentäter in ihren Attentats-Pamphleten aufschrieben: gekränkte Männlichkeit, Misogynie, die Vorstellung von Gesellschaft als permanentem Konkurrenzkampf, bei dem die Stärksten gewinnen. An ein paar wesentlichen Punkten muss man jedoch unterscheiden: Eminem ist kein erklärter Rassist. Eminem hat keine Menschen umgebracht, er hat Szenarien beschrieben, in denen Menschen umgebracht werden. Und schließlich konzentrierte sich der Hass in seinen Texten auf die Frauen seiner Biografie, das heißt, er leitete daraus keinen programmatischen Kampf gegen das große Ganze ab.

Genauso wenig wie man die misogyne Darstellung von Frauen als kontextlosen Text betrachten kann, dem natürlich bestimmte Denkvoraussetzungen zugrunde liegen, ist es kein Zufall, dass alles, was in Eminems Welt (und eben nicht nur in der) als unmännlich gilt (Weichheit, Schwäche, Feigheit), abwertend als »schwul« bezeichnet wird und sein Lieblingsschimpfwort für Männer, die er mit sprachlichen Mitteln ausschalten will, »Faggot« lautet, um so deren Männlichkeit infrage zu stellen. »Bitches« und »Faggots« sind zwei wesentliche Eminem-Koordinaten: »Bitches« sind keine guten Frauen (zu betrügerisch, eigenwillig, sexuell aktiv), woraus man schließen kann, dass sie sich zu autonom verhalten, also auf eine Weise handeln, die typischerweise mit männlichem Verhalten assoziiert wird. »Faggots« hingegen sind keine richtigen Männer, weil sie sich benehmen, wie man es Frauen typischerweise nachsagt. In beiden Fällen geht es um ein »falsches« Ausfüllen von geschlechtsspezifischen Rollen, das eine als »richtig« gedachte Ordnung bedroht, und in beiden Fällen funktioniert die darauffolgende Strafe über die Verächtlichmachung *des Weiblichen,* um jene Ordnung zumindest behaupten zu können. Diese Ordnung lässt sich folgendermaßen zusammenfassen: Männer sind Männer, Frauen sind Frauen, was zählt, ist die Familie. Denn draußen tobt eine Schlacht, in der sich das rappende Familienoberhaupt rappend behaupten muss, um die Familie wirtschaftlich erhalten zu können.

Mit dem Vorwurf der Homofeindlichkeit und Misogynie konfrontiert, hat Eminem sich im Wesentlichen auf folgende Positionen zurückgezogen: Man müsse zwischen Rapper und Kunstfigur unterscheiden – was insofern stimmt, als es stimmt; aber er geht eben nicht auf das eigentliche Thema ein, also die Homofeindlichkeit und Misogynie in seinen Texten. Wenn er, Eminem, in seinen Texten sagen würde: »Rape your mother«, und irgendeine Person würde es dann tatsächlich tun, habe vor allem diese Person ein Problem. Er verweist also auf das gesellschaftliche Umfeld, in dem seine Texte gehört werden, und vollzieht eine ähnliche Denkbewegung, wenn er sagt, dass es sein soziales Umfeld gewesen sei, in dem man nun mal so geredet habe, wie er es in seinen Texten wiedergibt: »I'm just as fucked up as you woulda been.«*
Was aus meinen Überlegungen bis hierhin folgt, ist zweierlei: Eminems Texte sind homofeindlich und misogyn. Und die Gesellschaft, in der sie entstanden sind, ist es ebenfalls, was (wieder einmal) die Frage aufwirft, wie produktiv es ist, dafür eine Ein-

* Zitat aus: »Who Knew«, »The Marshall Mathers LP«.

zelperson zu kreuzigen (und ob Kreuzigen grundsätzlich Sinn macht).

Bei der Analyse des Eminem-Rezeptionsverhaltens lassen sich also allerhand interessante, paradoxe Dinge beobachten, die ich hier noch einmal kurz zusammenfassen möchte: Ein Rapper wird für die Herabsetzung bestimmter gesellschaftlicher Gruppen kritisiert, als hätte man davon zum ersten Mal gehört. Diese Kritik basiert unter anderem auf der Annahme, dass es diesem Rapper aus Herkunftsgründen nicht möglich ist, Kunst zu machen. Akademische Verteidiger Eminems hingegen verweisen unter Ausblendung seiner homofeindlichen/misogynen Inhalte auf die Freiheiten des Künstlers, um sich nicht mit den Bedingungen, unter denen diese Kunst entstanden ist, beschäftigen zu müssen, was im Grunde einem ähnlichen Impuls folgt wie dem, der der Eminem-Kreuzigung zugrunde liegt. Und schließlich, als Sahnehäubchen gewissermaßen, wird Menschen, die sich von Eminems Musik herabgesetzt fühlen, von Eminem-Verteidigern erklärt, dass sie sich nicht herabgesetzt fühlen dürften, weil es sich um Kunst handele. Sie fühlen sich herabgesetzt, das ist schlicht indiskutabel. Ähnlich bescheuert ist die aus Eminem-Diskriminierungs-Erfahrungen abgeleitete Frage, ob man den Rapper noch hören *darf.* Denn in diesem *dürfen* steckt eine Unselbstständigkeit, die in ihrer Untertänigkeit eigentlich nur darauf verweist, dass die Person, die sich hier fragt, was sie noch *darf,* vor allem an sich selbst und ihrem gesellschaftlichen Ansehen interessiert ist, nicht aber an den Themen, um die es vermeintlich eigentlich geht (Misogynie/Homofeindlichkeit). Diskutabel dagegen ist tatsächlich nur, was Menschen, die sich von Eminems Musik diskriminiert fühlen, eigentlich beklagen (auch wenn das selten so genau formuliert wurde), nämlich dass seine misogynen, homofeindlichen Texte von der Öffentlichkeit gefeiert werden. Diskutabel ist die Frage, warum diese Texte gefeiert wurden und werden. Das heißt, die einzig entscheidende Frage ist, ob man Eminem hören will, und wenn ja, warum.

8.

Ich habe Eminem aus all den Gründen, die ich bis zu diesem Punkt genannt habe, gehört. Weil er ein hervorragender Rapper war. Wegen seiner lyrischen und technischen Fähigkeiten, weil er Geschichten erzählen konnte, neu und besonders, Geschichten, auf die ich sonst keinen Zugriff hatte, denn für das Geschichtenerzählen war (und ist) überwiegend das akademische (weiße) Milieu zuständig. Ich liebte das Tut-doch-nicht-so-Moment in seinen Raps, die Respektlosigkeit Autoritäten, aber auch sich selbst gegenüber, die Komik, die dabei oft entstand. Und: seine Musik half mir dabei, mich gegenüber einer Welt, in der es dauernd ums Gewinnen zu gehen schien, zu behaupten (die Schule, die cool kids, eine Prüfung nach der anderen), einer Welt, aus der man jederzeit rausfliegen konnte. Dass Frauen (und homosexuelle Männer) in seinen Texten regelmäßig herabgesetzt und ermordet wurden, entging mir selbstverständlich nicht, änderte aber nichts daran, dass ich seine Musik liebte. Dafür war allerdings ein bisschen Akrobatik erforderlich: Eminem, so dachte ich, ohne weiter darüber nachzudenken, ist ein mir klassen- und bildungsmäßig unterlegener Typ aus der amerikanischen Unterschicht – und, was willst du machen, so wird man eben, wenn man so aufwächst (der weiter vorne schon beschriebene Tja-so-sind-sie-halt-Reflex). Aus diesem sozialen Gefälle wiederum konnte ich, deren Geschlecht in Eminem-Texten permanent abgewertet wurde, ein bisschen Überlegenheit ziehen, aber wirklich nur ein bisschen. Das allein reichte noch nicht aus. Denn ich, die ich, wie wahrscheinlich die meisten Frauen, mit Misogynie gewissermaßen groß wurde, konnte mich gegenüber den in der Regel männlichen und männlichkeits-begeisterten Rap-Auskennern durch meine Eminem-Expertise nicht nur profilieren (oh, ein Mädchen, das sich mit Rap auskennt), ich konnte mich auch als ein Mädchen zeigen, das so cool (so unhysterisch, so locker, also das Gegenteil der typischen Frauenherabwürdigungsvokabeln) war, dass ihm die Frauenbeleidigungen egal waren, und das auf diese Weise in der männlichen Rap-Gemeinschaft zumindest geduldet wurde. Und das bedeutete mir viel. Denn die Jungs, mit denen ich als Teenager versuchte rumzuhängen, betrachteten Mädchen nicht als Menschen, mit denen man sich auf Augenhöhe über Rap unterhielt. Die Kernkompetenz von Mädchen war es, gut auszusehen und entweder eine Schlampe oder keine Schlampe zu sein. Kannte ich mich aber mit Rap oder Eminem aus, durfte ich beim Kiffen im Keller manchmal wie ein ganz normaler Typ mit dabeisitzen und über Musik reden. Woraus ich dann wiederum angenehm schlussfolgern konnte, dass Rap und alle, die dazugehörten, gar nicht so misogyn waren, wenn ich doch auch dazugehören durfte. Der hier skizzierte Vorgang weist übrigens einen Mechanismus auf, der immer wieder zu beobachten ist, wenn es um feministische Anliegen verschiedenster Art geht: Man kann sich darauf verlassen, dass sich irgendwann eine Frau in die Debatte einschaltet, die sagt, dass sie nicht wisse, was eigentlich das Problem sei (ich wurde noch nie belästigt, ich schaffe das mit Beruf und Familie ohne Probleme, ich verdiene fast genauso viel wie mein Mann), worauf, ebenfalls verlässlich, zustimmender Applaus von meistens männlicher Seite folgt.

Eine ähnliche Komplizen-Logik bestimmte das Binnenverhältnis von Eminem und mir, das heißt, unsere schon x-mal erzählte, also etwas abgestandene Lovestory ging etwa so: Er war der sozial Benachteiligte aus katastrophalen Verhältnissen, der am laufenden Band Scheiße baute, und ich seine sanftmütige Freundin, die ihn nicht nur *wirklich* verstand, sondern auch bereit war, ihm immer wieder zu verzeihen, also ihm die bedingungslose, großmütige Liebe zu geben, nach der er so verzweifelt schrie. Er kann es nicht anders, hat es nicht anders gelernt, er meint es nicht so, er ist eigentlich ganz anders, ich werde ihn retten etc. Und dabei spielte natürlich auch eine Rolle, dass mich seine misogynen, homofeindlichen Texte einfach überhaupt nicht überraschten: Schwule wurden herabgewürdigt oder körperlich angegriffen, Frauen geschlagen oder vergewaltigt, ich meine, das sah, hörte oder las ich als Teenager ständig, das war eine Art Grundrauschen. Es war fast so, dass die Offenheit und Klarheit, mit der Eminem misogyne und homofeindliche Sachen rappte, etwas Vertrauenerweckendes hatten. Das Umarmen von Eminem war für mich auch insofern überhaupt kein Problem, als ich mich von seinen misogynen Texten schlicht nicht angesprochen fühlte. Und die Voraussetzung für diesen Stunt war, dass ich mich im Gegenteil dadurch nobilitiert fühlte, dass ich kein Problem mit seinen Texten hatte, weil ich auf diese Weise in den Genuss einer exklusiven Liebe kam. Und dabei waren die Rap-Tiraden meines Geliebten tatsächlich das, was mich gegen die natürlich mitunter misogynen Abwertungen von außen munitionierte. Okay, mein Geliebter hatte vielleicht ein Problem mit Frauen, aber keins mit mir (die natürlich auch nicht erlebte, wie sich das Frauenproblem ihres Geliebten konkretisierte, denn ich traf ihn ja nie, wir hatten also auch einfach sehr gute Voraussetzungen für eine harmonische Beziehung). Und so kam ich, indem ich Eminem hörte, endlich zu der männlichen Anerkennung, die mir verwehrt worden war, auf die es aber, das hatte ich inzwischen kapiert, anscheinend anzukommen schien. Ich kam, könnte man sagen, zu dieser Anerkennung, indem ich sie mir ganz einfach vorstellte.

Die Voraussetzung für diesen stockholmsyndromhaften Twist sind ein Machtgefälle und eine Person, die von der Macht ausübenden Instanz Anerkennung braucht, auch wenn es diese Macht ist, die ihr schadet. Insofern, könnte man sagen, war eigentlich jede schreibende Frau, die sich in der Vergangenheit am bundesdeutschen Literaturbetrieb beteiligt hat, gewissermaßen dazu gezwungen, am Stockholmsyndrom teilzunehmen (ja, mehr und weniger, ja, es gibt Ausnahmen, und ja, es wird langsam besser). Als ich anfing zu schreiben, verstand ich weder von diesem Syndrom noch vom Literaturbetrieb etwas. Ich verstand auch nicht besonders viel von Feminismus, mein Verhältnis dazu war eher ambivalent. Vielleicht hatte ich zu oft abwertende Kommentare von männlicher Seite gegenüber meiner feminismusinteressierten Mutter, feministischen Lehrerinnen oder Politikerinnen gehört. Vielleicht wollte ich ganz einfach nicht sein wie meine Mutter. Gleichzeitig hatte ich verinnerlicht, dass das klassischerweise Frauen zugedachte Lebensmodell (Abhängigkeit von einem Mann) nicht attraktiv war, und das Gleiche galt für alle damit verbundenen Zuschreibungen (Schwäche, der ängstliche, bittende Ton der Angewiesenen, die etwas ändern will, aus welchem irgendwann ein wütender Ton wird, der dann von Männern hysterisch gefunden wird). Meine Antwort auf diese Degradierung war also zunächst nicht, dass ich mir Freundinnen suchte, die dachten wie ich, und Banden bildete*, sondern dass ich mich, zumindest teilweise, männlich identifizierte. Diese männliche Identifikation betraf allerdings nicht nur die Vorstellung, die ich von meiner gesellschaftlichen Position und wie ich sie erreichen wollte entwickelte, sie betraf auch mein Leseverhalten. Tatsächlich ist das keine große Überraschung, wenn man bedenkt, was wir in der Schule und später in der Uni lasen (fast ausschließlich Männer), also

* Gab vor etwa 15 Jahren aber auch wirklich wenige Frauen in meinem Alter, die dazu bereit gewesen wären.

welche Werke kanonisiert waren (die von Männern). Frauen tauchten dagegen immer nur in sorgfältig deklarierten und abgesteckten Spezialbereichen für schreibende Frauen auf, innerhalb derer ihre Identität als Frau und die damit verbundenen Kränkungen in den Vordergrund gestellt wurden. Sie, so wirkte es damals auf mich, mussten erst über all diese frauenspezifischen Klippen und Berge hinüberklettern, die mit Entbehrungen und Leid, viel Leid verbunden waren, und was am Ende blieb, war: Oh, seht nur, wir haben gerade eine schreibende Frau behandelt. Auch das war aus meiner damaligen Perspektive kein attraktives Angebot für mich. Nein, ich wollte sein wie ein Mann, ohne ein Mann zu sein, ich wollte alles haben, was Männer hatten, ohne einer zu werden. Und ich wollte all das schreibend sein und werden. Breitbeinig, bosshaft und krass durch Texte schreiten, ohne belächelt zu werden. Texte ganz einfach durchrappen, sodass keiner mehr was sagen konnte. So wie Eminem (oder Thomas Bernhard oder Maxim Biller oder Rainald Goetz – und natürlich haben all die genannten Autoren gemein, dass sie unter der Welt, in der sie lebten, litten, dass sie dieses Leid in Wut verwandelten und alles um sie herum zusammenfalteten). So frei, so groß und selbstverständlich wollte ich auch schreiben. Und trotzdem als Frau schreiben, ohne dass das, was ich schrieb, *nur* als Frauenrealität gelesen wurde, die weniger Anspruch auf Allgemeingültigkeit hatte als das, was Männer schrieben. Natürlich kann man jetzt sagen: Schande, das war nicht feministisch von dir, das war aber unsolidarisch, da hast du dich ja 1a mit deinem Aggressor identifiziert. Ja, genau das ist der Punkt, genau diese Paradoxien will ich nachvollziehbar machen. Sie waren mir, als ich zu schreiben begann, nicht bewusst, ich wusste nur jedes Mal, wenn ich schrieb und dann mein Geschriebenes las, dass mein Ton nicht der Richtige war. Zu absichtlich naiv, um meinen imaginierten Lesern (es waren meistens Männer) nicht den Eindruck zu vermitteln, ich würde das hier wirklich ernst meinen. Zu vorsichtig, zu leise, zu laut, zu leidend usw.

Inzwischen glaube ich, dass ich nicht nur Schwierigkeiten damit hatte, einen Ton zu finden, mit dem ich mich sicher fühlte. Das Problem war auch, dass ich die Geschichten, die ich erzählen wollte, nicht besonders mochte, wobei es sich natürlich um Geschichten handelte, denen als spezifisch weibliche gedachte Erfahrungen zugrunde lagen. Beschämt werden durch den eigenen Körper, unter diesem Körper leiden, dieser Körper ist das Einzige, was zählt, dieser Körper macht, dass du nicht so ernst genommen wirst. Denn es geht um deinen Körper, er wird beurteilt, muss zur Verfügung stehen, an diesem Körper kommst du nicht vorbei, auf diesem Körper herrscht Krieg, aber du bist ganz leise, lächelst und siehst dabei gut aus. Passivität, Schwäche, Leiden, ich kannte das alles auswendig und hasste es. Als ich mit dem Schreiben begann und einen Sound suchte, der es mir ermöglichte, von alldem zu erzählen, fand ich ihn, wenn ich mit ein bisschen Eminem im Kopf schrieb. Das ist in seiner Absolutheit übertrieben, das heißt, Eminem war einer von vielen Faktoren, die auf dem Weg zu diesem Sound eine Rolle spielten. Ich fragte mich eben einfach manchmal, was Eminem getan hätte. Und dann nahm ich mir genauso viel Platz, wie er ihn sich genommen hätte, und schrieb genauso unverschämt und frei, wie er es an meiner Stelle getan hatte. Er war ein guter Freund. Und insofern war unsere kleine Stockholm-Geschichte nicht nur Teil des Problems, sie gehörte zeitweise auch zu seiner Lösung.

9.

Die letzten Monate mit Eminem waren anstrengend. Manchmal, wenn ich »Stan« hörte oder »My Name Is« oder »If I Had« oder »Guilty Conscience«, wusste ich wieder, was er mir mal bedeutet hat und immer noch bedeutet. Aber die meiste Zeit ging er mir auf die Nerven. Seine neue, unerträgliche Platte ging mir auf die Nerven, die stumpfe Art, über Frauen zu reden, das sinnlose Sportrappen, seine Geschmacklosigkeit bei der Auswahl von Beats und Refrains.

Dass es mit uns nicht mehr funktioniert, hat im Wesentlichen damit zu tun, dass Zeit vergangen ist. Er ist nicht mehr der unterprivilegierte Typ, der das sogenannte Establishment zerlegt. Er ist ein reicher weißer Dude Ende vierzig, dem keine interessanten Beleidigungen mehr einfallen, was seine inzwischen zwar gemäßigten, aber immer noch homofeindlichen, misogynen Texte vollends unerträglich macht. Und dieser Dude äußert sich zu einer Zeit, in der es vor allem darum geht, dass verschiedene Menschengruppen ihr Recht auf Teilhabe einfordern, während Eminem einfach so weitermacht wie bisher, ohne dass ihm dazu irgendetwas Gutes einfiele. Dass Eminem inzwischen ein grauenhafter Künstler geworden ist, hat, glaube ich, einen simplen Grund, nämlich dass er sehr schlichte Sichtweisen hat. Amerikanischer Patriotismus, die Erzählung des amerikanischen Traums, dessen kompetitiven Aspekt er mit anderen Mitteln (Rap) fortsetzt. Ein sicheres Leben und Auskommen für seine Familie, die gute Frau, von der er noch immer träumt, aber er trifft eben leider doch immer nur auf schlechte Frauen. Er sitzt in seinem großen, alarmgesicherten Haus, guckt viel ins Internet, schreibt dann darüber, und was er schreibt, geht durch seine schlichten Sichtweisen hindurch, und heraus kommen schlechte Texte. Auch wenn er merkt, dass es nicht mehr so funktioniert wie früher, ist er damit ja weiterhin ungeheuer erfolgreich. Aber er fürchtet sich vor der eigenen Bedeutungslosigkeit und schreit dagegen an, statt sich offiziell irritieren zu lassen. Er kann nicht rausgehen, weil ihn da alle kennen, also erlebt er nichts, das ihn irritieren könnte. Er kann aber auch nicht aus Detroit weg, weil er da immer war und bleiben will. Mit seiner Mutter hat er keinen Kontakt mehr, mit Kim hat er Frieden geschlossen, seine Tochter ist erwachsen. Die Besetzung seiner Dramen liefert also keine Geschichten mehr. Er liest keine Bücher, hat er nie gemacht, und damit kommen wir zurück zu seinen eingeschränkten Sichtweisen: Denn dass es Eminem trotz seiner großen Erzählbegabung nicht gelungen ist, neue gute Geschichten zu entwickeln, liegt vielleicht auch daran, dass ihm dafür – Entschuldigung – die intellektuellen Voraussetzungen fehlen. Seine Ursprungserzählung (wie es unten war) hatte er perfekt erfasst und in der Rolle des Underdogs so lange erzählt, bis sie fertig war. Aber danach ist ihm keine gute Geschichte mehr für sich eingefallen, was ihm möglicherweise leichter gefallen wäre, wenn er sich an andere literarische Traditionen als Rap hätte anlehnen können, wenn er also einen komplexeren Hintergrund zur Verfügung gehabt hätte, vor dem er sich hätte entwerfen können. Von dem er sich hätte irritieren lassen können. Und ja, natürlich, dieses Bildungsargument klingt arrogant und klassistisch. Aber vielleicht ist es nicht so sehr die Feststellung, die klassistisch ist, sondern der Zusammenhang, zu dem sie sich äußert. Und der geht so: Intelligenter Typ aus armen, sozial instabilen Verhältnissen scheitert am Bildungssystem und wendet sich stattdessen der Option zu, die anderen und insbesondere schwarzen migrantischen Typen aus armen Verhältnissen offensteht, nämlich dem Rap, der diese Geschichte wieder und wieder erzählt, aber von allen Beteiligten (den Rappern und Kritikern, und hier besteht ein Zusammenhang) nicht als richtig ernst zu nehmende Kunstform gesehen wird, innerhalb derer man alt werden kann, wie Schriftsteller*innen ganz normal alt werden können. Das heißt, genau wie Schriftstellerinnen lange nur wenig Beispiele für sich selbst hatten, fehlen sie im Rap.

Eminem und ich, wir haben aus unseren Ichs alles rausgeholt, sie schreibend erschöpft. Er schreibt, schreit und sagt nicht, dass er irritiert ist. Ich schreibe über Eminem und sage, dass ich irritiert bin, während ich nach der Schreibhaltung suche, die ich für meinen Roman brauche. Eminem, wie er heute ist, kann mir dabei nicht mehr helfen, aber der frühe Eminem hat mir enorm geholfen und hilft mir immer noch. Immer, wenn ich zu vorsichtig bin.

Am Anfang dieses Buches habe ich Eminem als eine Leiche in meinem Keller bezeichnet. Dabei halte ich das Konzept von einer Leiche, die versteckt und weggeschlossen werden muss, für scheinheilig und dumm. Denn je entschlossener man behauptet, dass sie tot ist, je tiefer man sie vergräbt, desto falscher werden die Sätze, die man sich und anderen über sich selbst erzählt. Also, was soll ich sagen, ich denke feministisch, ich bin Schriftstellerin, und ich komme von Eminem.

Aus Verantwortung für die Umwelt hat sich der *Verlag Kiepenheuer & Witsch* zu einer nachhaltigen Buchproduktion verpflichtet. Der bewusste Umgang mit unseren Ressourcen, der Schutz unseres Klimas und der Natur gehören zu unseren obersten Unternehmenszielen.

Gemeinsam mit unseren Partnern und Lieferanten setzen wir uns für eine klimaneutrale Buchproduktion ein, die den Erwerb von Klimazertifikaten zur Kompensation des CO_2-Ausstoßes einschließt.

Weitere Informationen finden Sie unter *www.klimaneutralerverlag.de*

FSC www.fsc.org
MIX
Papier aus verantwortungsvollen Quellen
FSC® C083411

Verlag Kiepenheuer & Witsch, FSC® N001512

1. Auflage 2020

Covergestaltung FAVORITBÜRO, München
Gesetzt aus der Calluna und der Acre
Satz Buch-Werkstatt GmbH, Bad Aibling
Druck & Bindung CPI books GmbH, Leck
ISBN 978-3-462-05439-2

Wie kriegt man als Frau die Verrenkung hin, Rap zu lieben und sich dabei permanent beleidigen zu lassen? Eminem gehörte einst zu Antonia Baums literarischen Vorbildern und ist auch zwanzig Jahre nach seinem Rap-Klassiker »Stan« nicht aus ihrer Arbeit wegzudenken. Doch die Welt ist inzwischen eine andere geworden. Was also macht Antonia Baum mit dieser misogynen, homofeindlichen, weißen Eminem-Leiche in ihrem Keller?

Antonia Baum ist Schriftstellerin und Autorin für DIE ZEIT. Ihre Romane und ihr Memoir »Stillleben« erhielten große Resonanz in den Medien.